Andrej Wroblewski (Hrsg.)
**Reformbedarf und Zukunftsfragen im Recht der Arbeitgeberinsolvenz –
Sammelband zur Tagung am 17. November 2022 in Frankfurt a.M.**

D1640872

Reformbedarf und Zukunftsfragen im Recht der Arbeitgeberinsolvenz

Sammelband zur Tagung am 17. November 2022 in Frankfurt a.M.

Andrej Wroblewski (Hrsg.)

BUND
VERLAG

Gefördert durch das Hugo Sinzheimer Institut
für Arbeits- und Sozialrecht der Hans-Böckler-Stiftung

Bibliografische Information der Deutschen Nationalbibliothek
Die Deutsche Nationalbibliothek verzeichnet diese Publikation
in der Deutschen Nationalbibliografie; detaillierte bibliografische Daten
sind im Internet über http://dnb.d-nb.de abrufbar.

Umschlaggestaltung: Ute Weber, Geretsried
Satz: Reemers Publishing Services GmbH, Krefeld
Druck: CPI books GmbH, Birkstraße 10, 25917 Leck

ISBN 978-3-7663-7345-8

www.bund-verlag.de

Vorwort

Der von Andrej Wroblewski herausgegebene Sammelband zur Fachtagung „Reformbedarf und Zukunftsfragen im Recht der Arbeitgeberinsolvenz", die am 17. November 2022 in Frankfurt a.M. stattgefunden hat, schließt eine Lücke. Bisher fehlte eine vertiefte literarische Erörterung rechtspolitischer Aspekte der Unternehmensinsolvenz, die von besonderer Bedeutung für die betroffenen Beschäftigten sind.

Die arbeitsrechtlichen Besonderheiten des „Unternehmens in der Krise" spiegeln sich in verschiedenen gesetzlichen Regelungen wider, aber auch in der regen Publikationstätigkeit in der arbeitsrechtlichen Fachwelt – so haben sich in Band 43 der HSI-Schriftenreihe bereits Thomas Klein, Daniel Klocke und Monika Schlachter mit der Standort- und Beschäftigungssicherung in Tarifverträgen und Betriebsvereinbarungen befasst. Henner Wolter ist in Band 40 der Schriftenreihe dem Arbeitsrecht bei Umstrukturierung von Betrieben und Unternehmen nachgegangen.

Geht ein Unternehmen in die Insolvenz, haben insbesondere die Beschäftigten im Zuge von Restrukturierungen und Rationalisierungsmaßnahmen regelmäßig Verzicht geübt. Für sie stellt sich die Frage, wie es nun weitergeht. Es ist keineswegs die Regel, dass ein Unternehmen mit der Insolvenz seine wirtschaftliche Tätigkeit einstellt. Arbeitgeberseitig wird sie nicht selten gar als Weg zur Sanierung angesehen. Aber auch dies ist für die Beschäftigten oftmals keine uneingeschränkt gute Nachricht. Die Rechtsordnung hält daher Regelungen bereit, um die Interessen der Beschäftigten zu schützen und ihre Interessen in das Insolvenzverfahren einzubringen. Eine profunde Analyse dieses bestehenden Rechts leistet das Insolvenzhandbuch für die Praxis, das ebenfalls von Andrej Wroblewski betreut und gemeinsam mit Prof. Dr. Wolfgang Däubler herausgegeben wird.

Der vorliegende Band blickt hingegen über die Grenzen des bestehenden Rechts hinaus. Dabei zeigt sich, dass der soziale Schutz der Beschäftigten im Fall der Insolvenz zahlreiche Lücken hat. Diese zu beheben, ist umso dringender, als die Zahl der Unternehmensinsolvenzen aktuell wieder steigt. Außerdem steht eine Novellierung EU-rechtlicher Grundlagen zur teilweisen Harmonisierung des Insolvenzrechts der Mitgliedstaaten bevor, die nicht nur positive Aspekte enthält. Der vorliegende Tagungsband dokumentiert die hochkarätigen Beiträge der Referent*innen, die ihre Expertise und Erfahrungen in diesem komplexen Rechtsgebiet einbringen. Sie verweisen auf die Praxis der

Arbeitgeberinsolvenz und bereichern die rechtspolitische Diskussion durch Vorschläge, die kurzfristig umsetzbar sind.

Dringend der Praxis angemessen geregelt werden sollte die rechtliche Zielstellung des Insolvenzverfahrens: Das Ziel, Arbeitsplätze zu erhalten, sollte sich auch im Gesetz wiederfinden. Die Mitbestimmung sollte durch eine Aufwertung der Rechte der Arbeitnehmervertreter*innen etwa im Gläubigerausschuss gestärkt werden. Inakzeptabel ist, dass Beschäftigte auf einer Stufe mit anderen Gläubigern stehen – mit der Folge, dass Insolvenzverwalter die Zahlung von Arbeitsentgelt nachträglich anfechten können. Dabei wird nicht berücksichtigt, dass Arbeitnehmer*innen typischerweise bereits einen Beitrag zur Sanierung erbracht haben und auf die Entgeltleistung existenziell angewiesen sind. Mit Blick auf das Insolvenzgeld ist zu prüfen, ob die Insolvenz als wirtschaftliches Risiko des Arbeitgebers nicht konsequenter als bisher von der Unternehmensseite versichert werden sollte. Mit diesen und vielen weiteren Vorschlägen dient der Band als Fundgrube für die rechtspolitische Weiterentwicklung und die zukünftige Forschung zu den rechtlichen Folgen der Arbeitgeberinsolvenz.

Unser herzlicher Dank geht deshalb insbesondere an Andrej Wroblewski, der es als Herausgeber des Bandes gemeinsam mit Dr. Ernesto Klengel vom Hugo Sinzheimer Institut der Hans Böckler Stiftung möglich gemacht hat, die Expertise, die auf der Tagung vertreten war, für die wissenschaftliche und rechtspolitische Diskussion zugänglich zu machen. Ihrem Einsatz verdanken wir auch die Durchführung der Tagung selbst.

Prof. Dr. Hans-Jürgen Urban
Geschäftsführendes
Vorstandsmitglied der IG Metall

Prof. Dr. Johanna Wenckebach
Wiss. Direktorin des Hugo
Sinzheimer Instituts

Inhaltsverzeichnis

Vorwort   5

Andrej Wroblewski/Dr. Ernesto Klengel
Einleitung. Zum vorliegenden Werk   9

Dr. Bertram Zwanziger
Gläubigerbefriedigung – einziger Insolvenzzweck?   17

Dr. Daniel Blankenburg
**Arbeitnehmerbeteiligung im Gläubigerausschuss –
Vorschläge aus Sicht eines Insolvenzrichters**   29

Prof. Dr. Stefan Smid
**Arbeitnehmerbeteiligung im Gläubigerausschuss –
Vorschläge aus Sicht der Rechtswissenschaft**   37

Prof. Dr. Wolfgang Däubler
**Der Sozialplan in der Insolvenz und wie man zu einer
echten Abfindung kommen könnte**   57

Prof. Dr. Andreas Engelmann
Die sozialrechtliche Absicherung von Insolvenzrisiken   67
Systematik, Regelungsumfang und Gestaltungsmöglichkeiten

Dr. Amélie Sutterer-Kipping
**Arbeitnehmeransprüche in der Insolvenz des Arbeitgebers
in Deutschland und in Frankreich**   85

Andrej Wroblewski
**„Sicherung und Durchsetzung von Arbeitnehmerforderungen
in Krise und Insolvenz – soll es beim rechtlichen Status quo
bleiben?"**   101

Literaturverzeichnis   123

Stichwortverzeichnis   127

Einleitung. Zum vorliegenden Werk

Andrej Wroblewski, IG Metall; Dr. Ernesto Klengel, Hugo Sinzheimer Institut

Die Zahlen der von Insolvenzen betroffenen Beschäftigten verändern sich entsprechend der konjunkturellen Lage und den damit einhergehenden Liquiditätsproblemen in den Unternehmen. Dabei ist das Insolvenzrecht für die Betroffenen in erster Linie ein praktisches Problem – ein oft existenzielles. Wo eine Unternehmensinsolvenz eintritt, hat sie meist gravierende Folgen für die Beschäftigten vor Ort und ruft einen besonders anspruchsvollen Beratungs- und Vertretungsbedarf hervor. Den Schnittstellen von Arbeits-, Sozial- und Insolvenzrecht kommt eine ständig in den jeweiligen einzelnen Insolvenzen auftauchende Relevanz zu.

Mithin werden gewerkschaftliche Betriebsbetreuung, Rechtsberatung und Prozessvertretung durch die Insolvenz des Arbeitgebers vor schwierige Aufgaben gestellt.

Aber auch die gesetzlichen Grundlagen sind es wert, einer kritischen Betrachtung unterzogen zu werden. Das geltende Recht wirft rechtspolitische Fragen auf. Lücken und Änderungsbedarfe werden offenbar. Was sollte aus Sicht der Beschäftigten an den gesetzlichen Regelungen geändert werden und was kann bleiben wie bisher?

Einigen wichtigen Fragen rechtspolitischen Handlungsbedarfs widmete sich die rechtspolitische Tagung zu „Reformbedarf und Zukunftsfragen im Recht der Arbeitgeberinsolvenz" vom 17. November 2022, die vom Hugo Sinzheimer Institut gemeinsam mit der IG Metall, Bereich Sozialpolitik, in Frankfurt am Main veranstaltet worden ist.

Dort hat die Gelegenheit bestanden, mit etwas Abstand zu den einströmenden tagesaktuellen Themen Lücken im Recht aus rechtspolitischer Sicht grundsätzlicher und durchaus auch mit strategischem Weitblick zu diskutieren. Neben politischen Einschätzungen und Vorschlägen für die Gesetzgebung wurde ausführlich auf das geltende Recht eingegangen, was bei dieser Materie unvermeidlich war. Damit ist auch aus reiner Rechtsanwendersicht manch Interessantes zu den behandelten Themenfeldern zu lesen (das Stichwortverzeichnis gibt hier eine weitere direkte Zugriffsmöglichkeit mit dem Stichwort-Zusatz „geltendes Recht"). Der Tagungsband kann somit als willkommener Nebeneffekt zusätzlich zu seiner rechtspolitischen Dimension als sinnvolle Ergänzung zum Insolvenzhandbuch für die Praxis (hrsgg. v. Däubler/Wroblewski) genutzt werden. Wie dort wird, wo es geboten erscheint, der Zusammenhang von Insolvenz-, Arbeits- und Sozialrecht der Darstellung zu Grunde gelegt.

Ausgeklammert worden sind Themenbereiche, die zwar eigene Regelungen für den Fall der Insolvenz bereithalten, aber in einem größeren arbeitsrechtspolitischen Kontext zu diskutieren wären, insbesondere die Rechtspolitik zum Kündigungsschutz- und Befristungsrecht. Eines der zentralen Probleme der Beschäftigten in der Insolvenz des Arbeitgebers ist zwar die Gefährdung ihrer Arbeitsplätze. Indes konnte auf diesen Problemkreis im Rahmen dieser Tagung und damit des vorliegenden Tagungsbands nur im Zusammenhang mit § 1 InsO von *Bertram Zwanziger* und mit § 123 InsO von *Wolfgang Däubler* eingegangen werden. Die Rechtspolitik unmittelbar zum Kündigungs- und Bestandsschutz des Arbeitsverhältnisses in der Unternehmensinsolvenz wie z.B. zu den speziellen Regelungen in § 113 InsO war hingegen nicht Gegenstand der Tagung. Diese genuin arbeitsrechtlichen Aspekte der Insolvenz wären es freilich wert, künftig noch in eine gesonderte rechtspolitische Diskussion zum Bestandsschutzrecht insgesamt einbezogen zu werden.

Der vorliegende Tagungsband enthält Beiträge von *Zwanziger, Blankenburg, Smid, Däubler, Engelmann, Sutterer-Kipping* und *Wroblewski*.

Die behandelten Themen reichen von der Bestimmung der gemäß § 1 InsO gesetzgeberisch vorgegebenen Ziele des Insolvenzverfahrens (*Zwanziger*) über Fragen der Arbeitnehmervertretung in Gläubigerausschüssen (*Blankenburg* und *Smid*) und das Recht des Sozialplans in der Insolvenz des Arbeitgebers gemäß § 123 InsO (*Däubler*) bis hin zur sozialrechtlichen Insolvenzsicherung und zur arbeits- und insolvenzrechtlichen Behandlung von Arbeitsentgeltforderungen (*Engelmann, Sutterer-Kipping, Wroblewski*) in der Unternehmensinsolvenz.

Grundlegend hat sich Dr. *Bertram Zwanziger*, Vorsitzender Richter am BAG a.D., mit den gesetzlichen Zielvorgaben des Insolvenzverfahrens gemäß § 1 InsO befasst. Er arbeitet heraus, dass nach geltendem Recht nicht der Arbeitsplatzerhalt, sondern allein die bestmögliche Gläubigerbefriedigung zum stets verbindlichen Hauptverfahrensziel erhoben worden ist. Wenn in der Praxis stattdessen andere Ziele ins Zentrum gerückt werden, können sogar Beschlüsse der Gläubigerversammlung aufgehoben werden und dem Insolvenzverwalter kann persönliche Haftung auf Schadensersatz drohen. *Zwanziger* schlägt vor, sich der sozialen Wirklichkeit zu öffnen und den Schutz der Arbeitsplätze als weiteres Ziel neben der Gläubigerbefriedigung anzuerkennen. Nicht zuletzt würde dadurch auch das Insolvenzrecht eine Entwicklung vollziehen, die sich bereits in anderen Rechtsbereichen zeigt, wie die Diskussion um die Berücksichtigung von Stakeholder-Interessen im Rahmen des Unternehmenszwecks im Gesellschaftsrecht zeigt. Im Rahmen des Tagungsbeitrags wird ein konkreter ausformulierter Vorschlag für einen reformierten § 1 InsO unterbreitet, wonach im Insolvenzverfahren neben den Gläubigerinteressen auch der Arbeitsplatzerhalt als legitimes Ziel anerkannt wird. Das soll flankiert werden durch ein in § 78 InsO aufzunehmendes Antragsrecht von Betriebsräten und Gewerkschaften zwecks gerichtlicher Aufhebung entgegenstehender Beschlüsse der Gläubigerversammlung und eine entsprechende Folgeänderung in § 163 InsO.

Prof. Dr. *Stefan Smid* (Universität Kiel) widmet sich in seinem Beitrag der Arbeitnehmerbeteiligung im Gläubigerausschuss aus Sicht der Insolvenzrechtswissenschaft und gibt eine ausführliche Darstellung der Aufgaben und Pflichten der Ausschussmitglieder einschließlich der Arbeitnehmervertreter, wobei er auch seine Erfahrung als Vorsitzender eines Gläubigerausschusses einfließen lässt. Er stellt klar, dass die Ausschussarbeit nach dem geltenden Gesetz der Haftungsverwirklichung im Interesse der Gläubiger zu dienen hat und der Arbeitsplatzerhalt nicht als eigenständiges Ziel verfolgt werden darf. Das gelte auch für den Vertreter der Arbeitnehmer.[1]

RiAG Dr. *Daniel Blankenburg* (AG Hannover) stellt die Praxis der Arbeitnehmerbeteiligung in Gläubigerausschüssen aus Sicht eines Insolvenzrichters vor. Besonderes Augenmerk legt er auf die Fragen, ob Anpassungsbedarfe des geltenden Rechts bestehen und inwieweit bereits durch vorhandene Rechtsnormen Probleme gelöst werden können. Eine wichtige Aufgabe des Insolvenzgerichts ist die Bestellung des vorläufigen Gläubigerausschusses. Für die Auswahl eines geeigneten Vertreters der Arbeitnehmer empfiehlt der Referent dem jeweiligen Insolvenzgericht zur im Unternehmen vertretenen Gewerkschaft Kontakt aufzunehmen. Eine Empfehlung, die man natürlich auch umgekehrt an die Gewerkschaften richten kann, damit diese ihre – generelle – Vertretungsbereitschaft den Gerichten signalisieren.[2] Wie bereits *Smid* in seinem Beitrag warnt ebenfalls *Blankenburg* – völlig zurecht – vor den Haftungsrisiken der Ausschussmitglieder. Er weist auf die Notwendigkeit hin, eine Haftpflichtversicherung mit ausreichender Deckung zu Lasten der Insolvenzmasse abzuschließen, was nach geltendem Recht zulässig sei. *Blankenburg* fordert die Gerichte dazu auf, eine aktive und kritische Rolle bei der Auswahl der Ausschussmitglieder zu spielen, wobei stets die Bestellung von Gewerkschaftsvertretern in Erwägung zu ziehen sei. Schließlich kommt er, was sich mit den Befunden von *Smid* deckt, zum Fazit, dass die geltenden Rechtsnormen ein ausreichen-

---

[1]   Zu praktischen Konsequenzen für deren Ausschussarbeit vgl. *Däubler/Wroblewski* (Hrsg.), Das Insolvenzhandbuch für die Praxis, 5. Aufl. 2021, Teil 4 Rn. 83.

[2]   Vgl. das Musteranschreiben *Däubler/Wroblewski* (Hrsg.), Das Insolvenzhandbuch für die Praxis, 5. Aufl. 2021, Teil 12 Rn. 12.

des Rüstzeug für die Ausschusstätigkeit der Arbeitnehmervertreterinnen und -vertreter zur Verfügung stellen, so dass zurzeit keine dringlichen Änderungsbedarfe seitens der Gesetzgebung bestünden. Zur unionsrechtlichen Situation vgl. die Ausführungen am Ende dieser Einleitung.

Prof. Dr. *Wolfgang Däubler* (Universität Bremen) befasst sich mit der gesetzlichen Regelung des Sozialplans in der Insolvenz des Arbeitgebers. Er stellt zunächst den rechtlichen Status quo dar. Anschließend erörtert er, wie eine alternative Lösung zur Milderung der schlimmsten Konsequenzen, die eine Unternehmensinsolvenz für die betroffenen Arbeitnehmer hat, aussehen könnte. Zum geltenden Recht wird klargestellt, dass der in § 123 Abs. 2 S. 1 InsO verwendete Begriff „Masseverbindlichkeiten" an Schönfärberei grenze, weil es sich faktisch eher um einfache Insolvenzforderungen handele, die nur dadurch privilegiert seien, dass ein Drittel der Verteilungsmasse für sie ausgegeben werden kann. Es handele sich im Ergebnis um recht kleine Beträge, die oft erst sehr spät ausbezahlt werden. Dadurch werde die Überbrückungsfunktion des Sozialplans nicht erfüllt, der Sozialplan verliere seine Funktion. Da der Verlust der Arbeitsplätze der Beschäftigten der Erhaltung der auf Wettbewerb beruhenden Marktwirtschaft als „öffentlichem Interesse" diene, gehe es um eine Aufopferung, die zu kompensieren sei. Konkretisierend wird vorgeschlagen, die Absicherung einer Entlassungsentschädigung durch eine Einrichtung wie das Insolvenzgeld oder den Pensionssicherungsverein vorzunehmen, diese durch eine Arbeitgeberumlage zu finanzieren und die Höhe der Entschädigung an der Rechtsprechung zu § 628 Abs. 2 BGB zu orientieren. Letztlich äußert *Däubler* den Wunsch, mit seinen Überlegungen Anlass zu weiterführenden Diskussionen gegeben zu haben. Konkrete weitere rechtspolitische Überlegungen zur Frage des insolvenzrechtlichen Rangs und der Absicherung von Sozialplanabfindungen finden sich auch im abschließenden Tagungsbeitrag von *Wroblewski* im Zusammenhang mit den Rangfragen von Arbeitnehmerforderungen.

Dr. *Andreas Engelmann* (University of Labour) stellt ausführlich das System der sozialrechtlichen Absicherung von Arbeitnehmerforderungen gegen Insolvenzrisiken dar und macht Vorschläge für eine Weiterentwicklung des gesetzlichen Rahmens. Das Regelungssystem des Insolvenzgelds wird von der Sicherung von Anwartschaften betrieblicher Altersversorgung und von individueller zivilrechtlicher Insolvenzsicherung von Altersteilzeit und Langzeitkonten abgegrenzt. Sicherungslücken werden aufgedeckt. Der Referent erörtert Probleme im Fall einer Zweitinsolvenz nach abgeschlossenem Insolvenzplanverfahren oder im Fall von Lohnrückständen bei Masseunzulänglichkeit. Des Weiteren geht es um Lücken bei der Absicherung von Blockaltersteilzeit und Arbeitszeitkonten, um die Bezugsdauer und Höhe des Insolvenzgelds, um ungesicherte Sanierungsbeiträge der Beschäftigten sowie um die mangelnde Insolvenzsicherung von Abfindungen und sonstigen Arbeitnehmeransprüchen. *De lege ferenda* werden Regelungsmöglichkeiten insbesondere der Legislative aufgezeigt. *Engelmann* geht hierbei differenzierend vor und berücksichtigt die jeweilige Interessenlage. Instruktiv werden verschiedene Lösungswege vorgestellt und ihre Vor- und Nachteile abgewogen. In der Frage der Finanzierung der Sicherung bekennt sich *Engelmann* grundsätzlich zur Umlagefinanzierung und lehnt eine steuerfinanzierte oder paritätische Sozialabgabenfinanzierung ab. Für bestimmte Sicherungsgegenstände wie die Altersteilzeit möge man hingegen über sanktionsbewährte Sicherungseinrichtungen, etwa nach dem Modell des PSV aG, nachdenken.

Dr. *Amélie Sutterer-Kipping* legt mit ihrem Beitrag einen eingehenden Vergleich der gesetzlichen Regelungen der insolvenzrechtlichen Rangeinstufung und Insolvenzanfechtung von Entgeltforderungen von Arbeitnehmerinnen und Arbeitnehmern in Frankreich und Deutschland vor. Dabei wird insbesondere auf das in Frankreich geltende „Superprivileg" für Arbeitnehmerforderungen und die französische Ausgestaltung einer Lohnausfallversicherung eingegangen. Nach der Darstellung der Forderungsrangordnung werden das deutsche und französische Insolvenzanfechtungsrecht im Hinblick auf Entgeltzahlungen und sonstige Deckungen von Arbeitnehmeransprüchen nebeneinandergestellt. *Sutterer-Kipping* zieht daraus die Bilanz, dass Arbeitnehmeransprüche für den Fall der Insolvenz des Arbeitgebers in Frankreich besser geschützt seien als in Deutschland. Das gilt für die Rangfrage ebenso wie für die Insolvenzanfechtung. Im Rahmen der geplanten unionsrechtlichen Teilharmonisierung des Insolvenzrechts könnte das Problem der Entgeltanfechtung aus Sicht des Arbeitnehmerschutzes angegangen werden, obgleich der Richtlinienentwurf der Kommission insoweit bislang keine Arbeitnehmerausnahme von der Anfechtung enthält. Jedenfalls wäre aus Sicht der Referentin eine sozialrechtliche Absicherung des Anfechtungsrisikos der Arbeitnehmerinnen und Arbeitnehmer geboten.

Andrej Wroblewski gab zum Abschluss der Veranstaltung einen Überblick über die rechtspolitischen Probleme und Lösungsvorschläge im Themenfeld „Sicherung und Durchsetzung von Arbeitnehmerforderungen in der Unternehmenskrise und Insolvenz des Arbeitgebers". Beginnend mit verschiedenen arbeits- und sozialrechtlichen Regelungslücken bei Lohnrückständen des Arbeitgebers, wie sie in der Unternehmenskrise vorkommen, wird das Forderungspaket des DGB zur Lohnsicherung vorgestellt, kommentiert und mit einer Reihe eigener Formulierungsvorschläge für Gesetzesänderungen weitergeführt. Anschließend widmet sich *Wroblewski* weiteren Sicherungslücken des geltenden Rechts, mit denen sich teilweise bereits *Engelmann* (wie z.B. Altersteilzeit, Arbeitszeitkonten und Sanierungsvereinbarungen) und *Däubler* (Sozialplanabfindungen) auseinandergesetzt haben. Bei den verschiedenen Erörterungen von Lösungsmöglichkeiten wird das Ineinandergreifen von Insolvenz-, Arbeits- und Sozialrecht berücksichtigt. Der Beitrag schließt – teilweise aufbauend auf die Darlegungen von *Sutterer-Kipping* – mit einer facettenreichen rechtlichen und politischen Darstellung der Insolvenzanfechtung von Entgeltforderungen von Arbeitnehmern, ferner der Einordnung von Arbeitnehmerforderungen in die insolvenzrechtliche Rangordnung und schließlich der Absicherung durch Garantieeinrichtungen. Auch in diesen grundlegenden Fragen des insolvenzrechtlichen Umgangs mit Ansprüchen der Arbeitnehmerinnen und Arbeitnehmer wird der Status quo kritisch beleuchtet und es werden daraus konkrete Vorschläge für eine zukünftige Regelung abgeleitet. Hierbei werde sich der politische Schwerpunkt auf die europäische Ebene verlagern. *Wroblewski* bekräftigt im Ergebnis seiner Ausführungen die langjährig von den Gewerkschaften erhobene Forderung nach einer Abschaffung der Insolvenzanfechtung von Arbeitsentgelt gegenüber Arbeitnehmerinnen und Arbeitnehmern. Außerdem hält er eine – möglichst europaweit harmonisierte – Kombination von einerseits Vorrangregelungen zugunsten von Arbeitnehmerforderungen und andererseits ausgeweiteten gesetzlichen Garantieeinrichtungen für den „Königsweg" der Lohnsicherung in der Arbeitgeberinsolvenz.

Wie sind die Perspektiven zur Umsetzung der rechtspolitischen Vorschläge? Der Koalitionsvertrag der Partner der Ampel-Regierung schweigt sich zum Insolvenzrecht weitgehend aus. Er enthält allerdings einen wichtigen Hinweis: Die Koalition werde sich auf Ebene der EU dafür einsetzen, Unterschiede zwischen den Mitgliedstaaten u.a. im Insolvenzrecht abzubauen. Die Regierungsparteien gehen also von einer Überarbeitung der unionsrechtlichen Vorgaben zu Gunsten einer verstärkten Harmonisierung des Insolvenzrechts im europäischen Binnenmarkt aus.

Der Richtlinienentwurf der EU-Kommission vom 7.12.2022[3] hat einen Gesetzgebungsprozess auf EU-Ebene angestoßen. Bemerkenswerterweise stärkt der Kommissionsentwurf die Rechtsstellung der Beschäftigten nicht. Teilweise drohen sogar Verschlechterungen gegenüber der hiesigen Rechtslage. So beim Betriebsübergang im Rahmen eines sog. Prepack-Verfahrens (vgl. Art. 27, 28 RL-Entwurf): Hier fehlt beim Übergang des Arbeitsverhältnisses auf den Erwerber zum Beispiel ein Widerspruchsrecht wie in § 613a Abs. 6 BGB und der Bestandsschutz nach § 613a Abs. 4 BGB kann durchbrochen werden. Bei der Regelung der Gläubigerausschüsse (Titel VII RL-Entwurf) fehlt eine Arbeitnehmerbeteiligung wie in §§ 67 Abs. 2 S. 2, 21 Abs. 2 Nr. 1 InsO. Auch sonst sind die vorgeschlagenen Bestimmungen gegenüber dem mit der InsO erreichten Niveau der „Stakeholder-Beteiligung" stark defizitär. Zu den geplanten

---

3   Richtlinienentwurf zur Harmonisierung bestimmter Aspekte des Insolvenzrechts v. 7.12.2022 – 2022/0408 (COD).

Regelungen der Insolvenzanfechtung (Titel II RL-Entwurf) kann bezüglich der Zahlungen an Arbeitnehmer auf die Tagungsbeiträge von *Sutterer-Kipping* und *Wroblewski* verwiesen werden.

Will „Europa" nicht auch an dieser Stelle als Motor einer wirtschaftlichen Liberalisierung wahrgenommen werden, müssen hier dringend die Möglichkeiten der Arbeitnehmerbeteiligung im Insolvenzverfahren, insbesondere in Gläubigerausschüssen, verbessert oder – entsprechend der Ermächtigungsgrundlage Art. 114 Abs. 2 AEUV – zumindest Öffnungen für höhere Schutzstandards auf nationaler Ebene aufgenommen werden. Generell sollte – wie bei anderen auf die Binnenmarktkompetenz gestützten Rechtsakten auch – gelten, dass die Umsetzung von Unionsrecht keinen Anlass dafür bieten darf, den nationalen Schutzstandard für Arbeitnehmerrechte abzusenken (unionsrechtliches Verschlechterungsverbot).[4] Aktuell sind im Gegensatz hierzu allein Abweichungen von der Richtlinie zulässig, die einen höheren Schutz der Interessen der Gläubiger als Gesamtheit bieten (Art. 5 RL-Entwurf).

Der Beitrag von *Sutterer-Kipping* im vorliegenden Band zeigt exemplarisch auf, dass Entgeltforderungen sowie der Schutz vor Anfechtungen in anderen Rechtsordnungen durchaus angemessener gewährleistet werden als im deutschen Recht. Von einer Harmonisierung sollten hier dementsprechend Impulse auch für eine Verbesserung des deutschen Rechts ausgehen.

Was den Zweck der Insolvenz angeht, ist dieser Punkt im Richtlinienvorschlag der Kommission noch ausgespart. Die Diskussion ist jedoch im Zusammenhang mit Entwicklungen in anderen Bereichen des Wirtschaftsrechts zu sehen. Auch Kapitalgesellschaften werden durch neue Regelungskonzepte darauf festgelegt, neben ökologischen auch soziale Ziele zu verfolgen.[5] Die Erweiterung des Insolvenzzwecks gegenüber dem geltenden deutschen Recht entspräche also durchaus einer Tendenz, in der die Rechtsordnung derzeit fortentwickelt wird.

Der vorliegende Tagungsband sammelt und bündelt verschiedene konkrete Vorschläge für die sachgerechte Weiterentwicklung des Insolvenzrechts. Er trägt dazu bei, dass die Stärkung der sozialen Dimension im Fall der Arbeitgeberinsolvenz keine Frage fehlender Konzepte ist, sondern allein eine des politischen Willens.

---

4   Das auch als Absenkungsverbot bezeichnete Prinzip hat seinen Niederschlag etwa im Befristungsrecht (§ 8 Nr. 3 Rahmenvereinbarung Befristung), Antidiskriminierungsrecht (Art. 8 Abs. 2 Gleichbehandlungsrahmenrichtlinie 2001/78/EG), und im Recht der Leiharbeit (Art. 9 Abs. 1 RL Leiharbeit 2008/104/EG) gefunden, vgl. *Greiner*, EuZA 2011, 74 ff.
5   Vgl. *Däubler*, Klimaschutz und Arbeitsrecht, HSI-Schriftenreihe Bd. 49, S. 67 ff.; instruktiv zum Begriff „Sustainable Corporate Governance" *Velte*, DB 2021, 1054.

Gläubigerbefriedigung – einziger Insolvenzzweck?

Dr. Bertram Zwanziger, Vorsitzender Richter am Bundesarbeitsgericht a.D.

A. Geltende Rechtslage[1]

I. Die Ziele

Die „Ziele des Insolvenzverfahrens" sind in § 1 Insolvenzordnung (InsO) geregelt. Die Vorschrift lautet:

„Das Insolvenzverfahren dient dazu, die Gläubiger eines Schuldners gemeinschaftlich zu befriedigen, indem das Vermögen des Schuldners verwertet und der Erlös verteilt oder in einem Insolvenzplan eine abweichende Regelung insbesondere zum Erhalt des Unternehmens getroffen wird. Dem redlichen Schuldner wird Gelegenheit gegeben, sich von seinen restlichen Verbindlichkeiten zu befreien."

Satz 2 ist als Hinweis auf das Restschuldbefreiungsverfahren in §§ 286 ff. InsO zu verstehen und wird bei der Auslegung des Gesetzes in Zusammenhang mit einer Restschuldbefreiung auch herangezogen.[2] Er hat also nur begrenzte Bedeutung. Wichtiger dagegen ist Satz 1 der Regelung. Er bestimmt grundlegend, mit welcher Zielrichtung Insolvenzverfahren zu betreiben sind und legt diese als gemeinschaftliche Befriedigung der Gläubiger und Gläubigerinnen fest. Von dieser Zielrichtung kann lediglich in einem Insolvenzplan abgewichen werden (§ 1 S. 1 Alt. 2 i.V.m. § 217 Abs. 1 S. 1 InsO).

Nach der Rechtsprechung wird unter dem Begriff „gemeinschaftliche Befriedigung der Gläubiger" zweierlei verstanden: Zum einen sollen sie bestmöglich, zum anderen sollen sie gleichmäßig befriedigt werden.[3] Das Ziel der gleichmäßigen Gläubigerbefriedigung ist dabei dadurch verwirklicht, dass es grundsätzlich keine vorrangigen Insolvenzforderungen gibt (§§ 38f. InsO); es ist zudem beim Verständnis des Rechts der Insolvenzanfechtung von Bedeutung.[4] Das Ziel der bestmöglichen Gläubigerbefriedigung weist aus, dass alleiniges Ziel

---

[1] Der nachfolgende Text berücksichtigt Hinweise sowohl von Mitgliedern der in der Arbeitsgemeinschaft Sozialdemokratischer Juristinnen und Juristen auf Bundesebene und im Land Berlin eingerichteten Arbeitskreise zu Themen des Insolvenzrechts als auch solche aus der Diskussion auf der Tagung.

[2] So bei BGH 4.2.2016 – IX ZB 71/15, MDR 2016, 1051, juris Rn. 9.

[3] BGH 6.10.2005 – IX ZR 36/02, NJW-RR 2006, 491, juris Rn. 11

[4] BAG 25.5.2022 – 6 AZR 497/21, DB 2022, 2164, juris Rn. 29.

des Verfahrens die Erwirtschaftung einer möglichst großen zur Verteilung an die Gläubiger und Gläubigerinnen stehenden Masse ist. Andere Ziele, wie die Fortführung des Unternehmens und damit auch der Erhaltung von Arbeitsplätzen, sind nur relevant, wenn sie „wirtschaftlich sinnvoll" sind,[5] also der besseren Anreicherung der Insolvenzmasse im Vergleich zu anderen Lösungen wie der Zerschlagung des Unternehmens dienen.

II. Rechtspolitische Grundlagen

Dieses Verständnis der Ziele des Verfahrens ist vom historischen Gesetzgeber des Jahres 1994 auch genauso gewollt. Zwar sah der seinerzeitige Gesetzentwurf der Bundesregierung[6] noch die Formulierung vor, u.a. auch „die Interessen der Arbeitnehmer" würden „im Verfahren berücksichtigt". Damit wurde aber lediglich darauf verwiesen, dass die Arbeitnehmenden ihre Rechte nach dem Kündigungsschutzgesetz, § 613a BGB und dem Betriebsverfassungsgesetz grundsätzlich, wenngleich mit verfahrensmäßigen Einschränkungen behalten und insbesondere über den Betriebsrat ihr Interesse an der Erhaltung der Arbeitsplätze zum Ausdruck bringen können sollten.[7] Es sollte also kein gegensätzliches Ziel mit aufgenommen, sondern lediglich der Regelungsgehalt des Gesetzes beschrieben werden. Die Streichung dieser Formulierung im parlamentarischen Verfahren wurde daher auch lediglich mit einer redaktionellen Straffung begründet.[8]

Schon nach dem Regierungsentwurf und gebilligt von allen politischen Kräften im Parlament[9] sollte es darum gehen, das Insolvenzverfahren „marktkonform" abzuwickeln.[10] Die Gesetze des Marktes sollen auch die gerichtliche Insolvenzabwicklung steuern. Ziel des Verfahrens sei die bestmögliche Verwertung des Schuldnervermögens im Interesse seiner Geldgebenden; marktkonform bedeutet danach, das Verfahren an den Vermögensinteressen der Geldgebenden des Schuldners oder der Schuldnerin auszurichten. Die in den insolventen Unternehmen gebundenen Ressourcen seien der wirtschaftlich produktivsten Verwendung zuzuführen. Es gebe wirtschaftspolitisch keine Gründe, irgendeine Sanierung stets und überall der Zerschlagungsliquidation vorzuziehen. Den Beteiligten dürften keine Vermögensopfer auferlegt werden. Zwangseingriffe in die private Güterordnung mit der Folge von Vermögens-

---

5   BGH 9.12.2004 – IX ZR 108/04, BB 2005, 401, juris Rn. 19.
6   BT-Drs. 12/2443.
7   BT-Drs. 12/2443, 108 f.
8   BT-Drs. 12/7302, 155.
9   BT-Drs. 12/7302, 151.
10 BT-Drs. 12/2443, 77ff.; dort auch zum Folgenden.

verlagerungen seien auch als Hilfe zur Sanierung zurückzuweisen. Durchzusetzen sei die zivilrechtliche Güterzuordnung. Die Entscheidung über die Verwertung der Insolvenzmasse sei daher allein den Geldgebenden (Gläubigern und Gläubigerinnen sowie Eigenkapitalgebenden) vorzubehalten, soweit deren Rechte einen positiven Vermögenswert besäßen. Interessen Außenstehender wie Gewerkschaften dürften keine Entscheidungsrechte im Verfahren begründen. Korrekturen des marktkonformen Ergebnisses müssten politisch verantwortet werden und erforderten den Einsatz öffentlicher Mittel.

Das gerichtliche Insolvenzverfahren diene auch nicht dazu, das Arbeitsplatzinteresse der Arbeitnehmenden gegenüber Rentabilitätsgesichtspunkten durchzusetzen. Es seien keine überzeugenden Gründe dafür dargetan, dass bei einer gerichtlichen Insolvenzbewältigung andere Interessen für maßgeblich erklärt werden sollten als bei privatwirtschaftlichen Investitions- oder Deinvestitionsentscheidungen. Marktwirtschaftlich rationale Verwertungsentscheidungen führten am ehesten ein Höchstmaß an Wohlfahrt herbei und lägen daher auch im gesamtwirtschaftlichen Interesse. Unter marktwirtschaftlichen Bedingungen werde ein Unternehmen dann saniert, wenn seine Fortführung – durch den bisherigen oder einen neuen Rechtsträger bzw. eine neue Rechtsträgerin – für die Beteiligten oder für neue Geldgebende vorteilhafter sei als seine Liquidation. Sei der Liquidationswert höher als der Fortführungswert, komme es zur Liquidation. Die in dem Unternehmen gebundenen Produktionsfaktoren würden dann wirtschaftlicheren Verwendungen zugeführt.[11] Die Insolvenz sei nicht der Anlass für eine gesamtwirtschaftlich orientierte Investitionslenkung. Das Insolvenzverfahren dürfe den Wettbewerb zwischen gesunden und insolventen Unternehmen nicht zu Gunsten Letzterer verzerren.[12]

Bei diesem Verständnis des Gesetzgebers ist es nur folgerichtig, wenn er den Grundsatz der bestmöglichen Gläubigerbefriedigung in § 1 InsO zum „Hauptziel" des Verfahrens machte, das das gesamte Verfahren prägen soll und an dem die Tätigkeit des Insolvenzverwalters oder der Insolvenzverwalterin und die Aufsichts- und Eingriffsbefugnisse des Insolvenzgerichts in erster Linie auszurichten sind.[13] Die Interessen der Arbeitnehmenden an einer Sanierung ihres Unternehmens oder Betriebes spielen bei diesem Ansatz nur insoweit eine Rolle, als durch transparente Verfahren eine Sanierung dann nicht behindert werden soll, wenn sie in diesem Sinne das wirtschaftlichste Ergebnis im Vergleich zur Zerschlagung ist.[14] Ein eigenständiges Arbeitnehmerinteresse wird dagegen nicht anerkannt. Da Arbeitnehmende – abgesehen von möglichen

---

11   BT-Drs. 12/2443, 76.
12   BT-Drs. 12/2443, 75.
13   BT-Drs. 12/2443, 108.
14   BT-Drs. 12/2443, 77f.

Entgeltrückständen – keine Geldgebenden des insolventen Unternehmens sind, gehören sie nicht zu den „Beteiligten", deren Interessen bei der Verwertungsentscheidung zu berücksichtigen wären.

III. Rechtliche Folgen

1. Unwirksamkeit von Geschäften

Aus der Verbindlichkeit des Insolvenzzwecks in § 1 InsO auch für den Insolvenzverwalter oder die Insolvenzverwalterin folgt, dass Rechtshandlungen, die diesem Insolvenzzweck klar und eindeutig zuwiderlaufen, unwirksam sind. Dafür reicht jedoch bloße Unzweckmäßigkeit oder Unrichtigkeit nicht aus. Der Widerspruch zum Insolvenzzweck muss unter allen in Betracht kommenden Gesichtspunkten für alle verständigen Beobachtenden ohne Weiteres erkennbar gewesen sein. Dem Geschäftspartner oder der Geschäftspartnerin müssen sich aufgrund der Umstände des Einzelfalls ohne Weiteres begründete Zweifel an der Vereinbarkeit der Handlung mit dem Insolvenzzweck aufdrängen; der anderen Seite des Geschäftsabschlusses muss der Sache nach zumindest grobe Fahrlässigkeit vorzuwerfen sein.[15] Ansonsten ist das Geschäft wirksam.

2. Beschlüsse über die Verwertung

Für wesentliche Entscheidungen über die Verwertung der Masse bedarf es einer Entscheidung der Gläubigerversammlung oder der Zustimmung des Gläubigerausschusses (§§ 156ff. InsO). So obliegt die Entscheidung, ob das schuldnerische Unternehmen stillgelegt oder vorläufig weiter betrieben wird, nach § 156 InsO der Gläubigerversammlung. Diese Entscheidung ist danach im Berichtstermin zu treffen, der spätestens innerhalb von drei Monaten nach Verfahrenseröffnung stattzufinden hat (§ 29 Abs. 1 Nr. 1 InsO). Eine vorherige Stilllegung oder Veräußerung des Unternehmens bedarf der Zustimmung des Gläubigerausschusses; der Schuldner oder die Schuldnerin kann beim Insolvenzgericht durchsetzen, dass die Maßnahme unterbleibt, soweit es bis zum Berichtstermin zu keiner erheblichen Verminderung der Insolvenzmasse kommt (§ 158 InsO).

Bedeutsame Rechtshandlungen, zu denen auch eine Betriebsveräußerung gehört, bedürfen nach dem Berichtstermin der Zustimmung des Gläubigerausschusses (§ 160 Abs. 1 i.V.m. Abs. 2 Nr. 1 InsO). Der Schuldner oder die auch in § 75 Abs. 1 Nr. 3 InsO genannten mindestens fünf Absonderungsberechtigten oder nicht nachrangigen Insolvenzgläubiger bzw. Insolvenzgläubigerin-

---

15   BGH 14.6.2018 – IX ZR 232/17, DB 2018, 1783, juris Rn. 13 und 16.

nen, deren Rechte geschätzt mindestens ein Fünftel des Wertes aller Absonderungsrechte und nicht nachrangigen Forderungen betragen, können beim Insolvenzgericht durchsetzen, dass insoweit eine Entscheidung der Gläubigerversammlung herbeigeführt wird (§ 161 S. 2 InsO).

Außerdem ist § 163 InsO Ausdruck des Grundsatzes der bestmöglichen Gläubigerbefriedigung. Danach können der Schuldner und die in § 75 Abs. 3 Nr. 1 InsO genannten Gläubiger beim Insolvenzgericht beantragen und das Insolvenzgericht kann so entscheiden, dass eine geplante Veräußerung des Unternehmens oder des Betriebes nur mit Zustimmung der Gläubigerversammlung zulässig ist. Voraussetzung ist, dass die Veräußerung an einen anderen Erwerber für die Insolvenzmasse günstiger wäre. Diese Vorschrift stellt allein auf den Nutzen für die Insolvenzmasse ab, nicht aber auf Arbeitsplatzinteressen.

Die bestmögliche Gläubigerbefriedigung ist dabei „gemeinschaftliches Interesse" aller Gläubiger i.S.v. § 78 Abs. 1 InsO. Verstößt ein Beschluss der Gläubigerversammlung deutlich und erheblich gegen dieses Interesse, so ist er auf Antrag eines absonderungsberechtigten Gläubigers, eines nicht nachrangigen Insolvenzgläubigers bzw. einer Gläubigerin oder des Verwalters bzw. der Verwalterin aufzuheben. Das ist z.B. der Fall, wenn eine wesentliche Erhöhung der Quote möglich wäre; das liegt bei einer Quotenerhöhung um eine weitere Quote von 10 v.H. vor.[16]

Allerdings lässt § 164 InsO die Wirksamkeit der Rechtshandlungen des Verwalters oder der Verwalterin unberührt, soweit er oder sie nach dem Berichtstermin den Gläubigerausschuss nicht ordnungsgemäß beteiligt hat oder gegen Gerichtsentscheidungen verstößt, die ihm oder ihr die Zustimmung der Gläubigerversammlung zu bestimmten Entscheidungen vorschreiben. Die Bindung des Verwalters oder der Verwalterin an Entscheidungen der Gläubigerversammlung nach § 159 InsO und die notwendige Zustimmung des Gläubigerausschusses zur Schließung oder Veräußerung des Unternehmens vor dem Berichtstermin sind in dieser Regelung nicht erwähnt.

3. Schadensersatzpflichten

a) Insolvenzverwalter oder Insolvenzverwalterin

Nach § 60 Abs. 1 S. 1 InsO macht sich der Verwalter oder die Verwalterin bei einer schuldhaften Verletzung seiner oder ihrer Pflichten einschließlich des § 1 InsO schadensersatzpflichtig.[17] Dabei hat er oder sie nach § 60 Abs. 1 S. 2 InsO

---

16   BGH 22.6.2017 – IX ZB 82/16, DB 2017, 1710.
17   BGH 14.6.2018 – IX ZR 232/17, DB 2018, 1783, juris Rn. 16.

„für die Sorgfalt eines ordentlichen und gewissenhaften Insolvenzverwalters" einzustehen. Maßstab der Handlungen hat dabei einmal das Verfahrensziel der bestmöglichen gemeinsamen Gläubigerbefriedigung und das von den Gläubigern und Gläubigerinnen gemeinschaftlich beschlossene Verfahrensziel – z.B. Abwicklung oder Veräußerung – als Mittel der Zweckerreichung zu sein; unverbindlich sind jedoch Beschlüsse der Gläubigerversammlung, soweit gesetzlich keine Entscheidungsbefugnis vorgesehen ist. Unternehmerische Maßnahmen sind daran auszurichten, ob sie unter Berücksichtigung der damit verbundenen Kosten bei Betrachtung im Voraus – ex ante – diesem Ziel dienen. Bei dieser Beurteilung kommt dem Verwalter oder der Verwalterin ein weiter, mit der Vielschichtigkeit des Verfahrens zunehmender Ermessensspielraum zu. Er ist überschritten, wenn die Maßnahme nicht mehr vertretbar ist. Das ist jedoch nicht erst bei einer unverantwortlichen Falschbeurteilung oder bei grob fahrlässiger Falschbeurteilung gegeben.[18]

b) Mitglieder des Gläubigerausschusses

Nach § 69 S. 1 InsO haben die Mitglieder des Gläubigerausschusses „den Insolvenzverwalter bei seiner Geschäftsführung zu unterstützen und zu überwachen". In Satz 2 der Vorschrift werden Aufgaben hinsichtlich der Überwachung des Geschäftsgangs und der Kassenführung geregelt. Nach § 71 S. 1 InsO sind die Mitglieder des Gläubigerausschusses den Absonderungsberechtigten und den Insolvenzgläubigern bzw. -gläubigerinnen zum Schadensersatz verpflichtet, wenn die Mitglieder ihre Pflichten nach dem Gesetz nicht erfüllen. Es ist offen, ob sich daraus Schadensersatzverpflichtungen ergeben, wenn die Mitglieder des Gläubigerausschusses nicht einschreiten, sobald der Verwalter oder die Verwalterin seine oder ihre Geschäftsführung nicht am Grundsatz der bestmöglichen Gläubigerbefriedigung ausrichtet, oder wenn sie seinen oder ihren Maßnahmen zustimmen, obwohl dieser Grundsatz nicht eingehalten ist. Rechtsprechung ist insoweit nicht ersichtlich. Wird dies verneint, so stellt sich die Frage, inwieweit eine Beschlussfassung des Gläubigerausschusses in den Materien, bei denen seine Zustimmung erforderlich ist, den Verwalter oder die Verwalterin entlasten kann.

IV. Gesamtschau

Aus dem Gesagten ergibt sich, dass das Gesetz der Zielsetzung der bestmöglichen Gläubigerbefriedigung eine zentrale Rolle zuweist. Der Zielsetzung wird auch weitgehend zur Durchsetzung verholfen. Zum einen mit der Möglichkeit, entgegenstehende Beschlüsse der Gläubigerversammlung aufzuheben,

---

18   BGH 12.3.2020 – IX ZR 125/17, DB 2020, 1169, juris Rn. 25ff., 62.

zum anderen durch die Begründung von Schadensersatzverpflichtungen insbesondere des Verwalters oder der Verwalterin. In Extremfällen sind entgegenstehende Rechtsgeschäfte sogar unwirksam. Gemildert wird dies nur durch die Einräumung von Ermessensspielräumen der zuständigen Organe. Das deckt aber nicht Entscheidungen, die sich gerade an anderen Zielen, wie z.B. Arbeitsplatzerhalt orientieren.

B. Ergänzendes Insolvenzziel Arbeitsplatzschutz und Sanierung

I. Grundsatz

Ob man dieser zentralen Orientierung auf die bestmögliche Gläubigerbefriedigung rechtspolitisch folgen will, hängt davon ab, ob man das Weltbild des Gesetzgebers der Insolvenzordnung aus dem Jahre 1994 teilt; ob man also annimmt, es käme allein auf die Interessen der Geldgebenden als Gläubiger bzw. Gläubigerin an. Sie müssten die notwendigen Verwertungsentscheidungen im Eigeninteresse treffen, dann werde auch dem Gemeinwohl gedient und ein unfairer Wettbewerb gegenüber nicht insolventen Unternehmen vermieden. Ihnen dürften auch keine zwangsweisen Opfer für andere Zwecke auferlegt werden. Arbeitnehmende und die Gewerkschaften seien demgegenüber Außenstehende, denen man keine Mitentscheidungsbefugnisse einräumen sollte; wobei Letzteres ohnehin nicht mehr der geltenden Rechtslage entspricht (siehe § 21 Abs. 2 Nr. 1a und § 67 Abs. 2 S. 2 InsO zum Gläubigerausschuss).

Gegen die Position des Gesetzgebers der Insolvenzordnung wird in der Diskussion gefordert, in § 1 InsO zu regeln, dass als legitime Ziele eines Insolvenzverfahrens neben der Gläubigerbefriedigung auch der Arbeitsplatzerhalt und die Unternehmenssanierung bzw. die Erhaltung und Fortführung von Betrieb und Unternehmen anerkannt werden – so *Wroblewski* unter Hinweis auf Forderungen der Gewerkschaften IG-Metall und ver.di.[19] Der Grundgedanke ist, auch die Arbeitnehmenden als durch das Insolvenzverfahren geschützt in den Blick zu nehmen.

Dafür sprechen gute ordnungspolitische Gründe. Denn wenn das Ziel der Befriedigung lediglich der Gläubiger und Gläubigerinnen als Geldgebende ohne Beachtung der Interessen der Arbeitnehmenden damit begründet wird, dies

---

19 *Wroblewski* in: Däubler/Wroblewski (Hrsg.), Das Insolvenzhandbuch für die Praxis, 5. Aufl. 2021, Teil 9 Rn. 58 mit Nachweisen der Gewerkschaftsbeschlüsse in Fn. 55.

bewirke einen Zwangsbeitrag dieses Personenkreises zugunsten Dritter, so gilt umgekehrt nichts anderes: Wird jemand gezwungen seinen oder ihren Arbeitsplatz aufzugeben, damit in der Insolvenz jemand anderes eine höhere Quote erhält, so ist auch dies ein Opfer zu Gunsten einer anderen Person und in der Regel ein großes Opfer. Allerdings drückt sich das nicht im Verlust von Forderungen aus, sondern im Verlust von an sich gefestigten Lebenschancen.

Ein Arbeitsplatzerhalt führt auch nur dann zur Ineffizienz, wenn Effizienz nicht am Erreichen sozial nützlicher Ziele gemessen wird, sondern allein an der möglichst kostengünstigen Produktion von Waren und Dienstleistungen. Das ist aber ordnungspolitisch fragwürdig. Sollte es beim Wirtschaften nicht um Menschen gehen?

Die Gefahr, dass bei einer derartigen Betrachtungsweise letztlich eine unlautere Konkurrenz für nicht insolvente Unternehmen besteht, kann im Einzelfall nicht ausgeschlossen werden. Es geht aber um einen sehr vermittelten Vorgang, der sich letztlich in den seltensten Fällen konkret nachvollziehen lässt.

II.   Grenzen

Allerdings darf nicht übersehen werden, dass es wirtschaftliche Grenzen dieses Ansatzes gibt. Das Ziel des Arbeitsplatzerhalts rechtfertigt sich nur insoweit, als ein solcher Erhalt mit einiger Sicherheit auch möglich ist. Beruht die Insolvenz auf strukturellen Gründen, die sich nicht mit der Insolvenz erledigen, so nutzt natürlich selbst die Verwendung der gesamten Masse für das Ziel des Arbeitsplatzerhalts auf Dauer nichts. Dies führt dann in der Tat zum vorübergehenden Erhalt wirtschaftlicher Strukturen, die langfristig nicht tragfähig sind. Es führt auch dazu, dass die betroffenen Arbeitnehmenden in eine berufliche Sackgasse geführt werden, die ihnen letztlich nicht zu Gute kommt.

Und schließlich ist zu berücksichtigen, dass die Interessen der Gläubiger und Gläubigerinnen nicht ohne Berechtigung sind. Wer einen zivilrechtlichen Anspruch erworben hat, ist ja grundsätzlich tatsächlich befugt, ihn durchzusetzen.

III.   Rechtliche Aspekte

Diese Überlegungen haben auch eine verfassungsrechtliche Dimension: Das Recht der Gläubigerinnen und Gläubiger, ihre Forderungen im Rahmen eines Insolvenzverfahrens durchzusetzen, ist durch das Eigentumsrecht des Art. 14

GG geschützt.[20] In der neueren Rechtsprechung sieht das Bundesverfassungsgericht als Zweck des Insolvenzrechts daher konsequent die „unter Berücksichtigung der Lage des Schuldners bestmögliche Befriedigung der Forderungen der Gläubiger" an. Es formuliert aber weiter: „gegebenenfalls neben der Erhaltung von Arbeitsplätzen im Unternehmen".[21] Mit diesem Hinweis ist letztlich die dem Gesetzgeber obliegende Schutzpflicht für das Grundrecht der Arbeitnehmenden aus Art. 12 GG auf freie Berufs- und Arbeitsplatzwahl in Bezug genommen. Auch wenn daraus kein unmittelbarer Schutz vor dem Verlust von Arbeitsplätzen aufgrund privater Dispositionen herleitbar ist und keine Bestandsgarantie für den gewählten Arbeitsplatz besteht, so gibt es doch eine Schutzpflicht des Staates, der die bestehenden Kündigungsschutzregeln Rechnung tragen.[22]

Dass die Regeln über den Kündigungsschutz, die ja zumindest grundsätzlich auch im Insolvenzverfahren weiter gelten, in der Insolvenzsituation ausreichen, um der Schutzpflicht zu genügen, könnte zweifelhaft sein. Denn es geht um eine besondere Situation, in der die „normalen" Umstände nicht gelten. Der eigentliche Arbeitgeber ist handlungsunfähig. Grundsätzlich stehen sich bei der Regelung dieser Sondersituation mit den Gläubigern und Gläubigerinnen einer- und den Arbeitnehmenden andererseits zwei Gruppen mit berechtigten Interessen an einer für sie erträglichen Lösung der Situation gegenüber. Hier absolut einer Seite die Vorhand zu geben, könnte den Regeln praktischer Konkordanz widersprechen. Denn der Gesetzgeber ist gehalten, die kollidierenden Grundrechtspositionen in ihrer Wechselwirkung zu erfassen und so zu begrenzen, dass sie für alle Beteiligten möglichst weitgehend wirksam werden.[23]

Daher ist es durchaus fragwürdig, ob der historische Gesetzgeber ungeachtet seiner dahingehenden Selbsteinschätzung[24] nicht nur die Gewährleistungen des Eigentums und der Investitionsfreiheit, sondern auch die Berufs-, Gewerbe- und Vereinigungsfreiheit zur Entfaltung gebracht hat.

Selbst wenn man diesen Zweifeln nicht nähertritt, ist der Gesetzgeber jedenfalls berechtigt, diese Interessen in die Gestaltung der Folgen einer Insolvenz einzubeziehen. Das gilt insbesondere deshalb, weil es sich im Insolvenzverfahren nicht um die Regelung eines oder einer frei am Markt operierenden Arbeitgebenden handelt, der oder die selbst den Schutz des Art. 12 GG für sich

20   BVerfG 23.5.2006 – 1 BvR 2530/04, BB 2006, 1702, juris Rn. 34.
21   BVerfG 12.11.2016 – 1 BvR 3102/13, BB 2016, 1036, juris Rn. 43.
22   BVerfG 27.1.1998 – 1 BvL 15/87, DB 1998, 826, juris Rn. 25.
23   BVerfG 27.1.1998 – 1 BvL 15/87, DB 1998, 826, juris Rn. 28.
24   BT-Drs. 12/2443, 75.

anführen kann.[25] Der oder die Schuldnerin ist ja in der Regel ohnehin nicht mehr handlungsfähig. Vielmehr geht um ein gesetzlich geregeltes Verfahren zur Bewältigung einer wirtschaftlichen Sondersituation.

Er sollte dies auch tun. Zwar kommt es in der Praxis ohnehin häufig zu Sanierungen. Oft ist die übertragende Sanierung auch die für die Masse und die Gläubiger günstigste Lösung, schon weil bei einer Zerschlagung andernfalls bis zu einem Drittel der zur Verteilung stehenden Masse als Sozialplankosten anfallen können (§ 123 Abs. 2 S. 2 InsO). Aber hier hängt viel von der Person des Verwalters oder der Verwalterin ab. Und eine rechtliche Vorgabe kann, wenn es dort keine Sanierungswilligkeit gibt, helfen, die Entscheidungen in Richtung Arbeitsplatzerhalt zu lenken. Zudem wird es immer Fälle geben, in denen auch bei wohlwollender Verwaltertätigkeit nach den bislang geltenden Vorgaben eine Sanierung nicht in Frage kommt.

Wird eine derartige Zielsetzung in das Gesetz aufgenommen, folgt daraus – auch wenn keine bestimmten Verfahrensschritte normiert werden – ebenfalls, dass der Verwalter oder die Verwalterin geeignete Maßnahmen treffen muss, die das Ziel der Sanierung mit Arbeitsplatzerhalt ausloten. Das kann mit einem Dual-Track-Verfahren erfolgen. Derartige Maßnahmen dürfen dann nur unterbleiben, wenn sie von vornherein aussichtslos sind und die Masse unnötig belasten.

C. Wünschenswerte Lösung

I. Grundsätze

Eine Erweiterung der Insolvenzziele sollte sich auf die wesentliche Frage des Erhalts von Arbeitsplätzen beziehen und dieses Ziel verankern. Demgegenüber ist es nicht notwendig, auch den Erhalt von Betrieben oder des Unternehmens als Ziel zu verankern. Beides sind nur Mittel zum Erhalt von Arbeitsplätzen. Welcher Weg gewählt wird, hängt vom jeweiligen Einzelfall ab.

Der Erhalt von Arbeitsplätzen sollte aus verfassungsrechtlichen Gründen auch nicht als absolut erstes Ziel benannt werden, sondern nur als ein weiteres gewichtiges Ziel. Als Rechtsfolge sollte es legalisiert werden, dass entweder statt einer Liquidation eine übertragende Sanierung erfolgen darf, auch wenn der Erlös niedriger ist, und zwischen mehreren möglichen Betriebserwerbern oder -erwerberinnen auch zu Lasten des Kaufpreises der- oder diejenige ausgewählt

---

25   BVerfG 27.1.1998 – 1 BvL 15/87, DB 1998, 826, juris Rn. 28.

werden darf, der oder die eine bessere Garantie für den Erhalt von Arbeitsplätzen gibt. Gleichzeitig sollte sichergestellt werden, dass in den dadurch notwendigen Abwägungsprozess auch die Interessen der Gläubigerinnen und Gläubiger eingestellt werden.

II. Formulierungsvorschlag

Im Ergebnis sollte § 1 InsO ein Absatz 2 angefügt werden mit folgendem Wortlaut:

„(2) Daneben ist auf den Erhalt wirtschaftlich hinreichend gesicherter Arbeitsplätze hinzuwirken, soweit dadurch die Interessen der Gläubiger nicht unangemessen beeinträchtigt werden."

Verfahrensrechtlich sollte dies in § 78 InsO durch ein Antragsrecht von Betriebsräten und im schuldnerischen Unternehmen vertretener Gewerkschaften beim Insolvenzgericht auf Aufhebung von Beschlüssen der Gläubigerversammlung ergänzt werden, soweit der neue § 1 Abs. 2 InsO von der Gläubigerversammlung nicht beachtet wird. Schließlich ist die Regelung in § 163 InsO über die Betriebsveräußerung unter Wert dahingehend zu ergänzen, dass ein Beschluss der Gläubigerversammlung nur erzwungen werden kann, wenn die Veräußerung an einen anderen Betriebserwerber günstiger ist und gleichzeitig die geplante Veräußerung gegen den neu formulierten § 1 InsO verstößt.

D. Weitere Überlegung

Die neue Formulierung schließt Arbeitsplatzabbau in der Insolvenz nicht aus. Zur bitteren Wahrheit gehört, dass Arbeitsplätze oft nur durch gleichzeitigen Personalabbau erhalten werden können. Auch die Neuregelung macht deshalb Instrumente wie den Interessenausgleich mit Namensliste nach § 125 InsO nicht überflüssig.

Arbeitnehmerbeteiligung im Gläubigerausschuss – Vorschläge aus Sicht eines Insolvenzrichters

RiAG Dr. Daniel Blankenburg, Hannover, derzeit als wissenschaftlicher Mitarbeiter abgeordnet an den IX. Zivilsenat des BGH

Über Gläubigerausschüsse können die Gläubiger und die Arbeitnehmer erheblichen Einfluss auf das Insolvenzverfahren nehmen. Nach der Reform der InsO durch das Gesetz zur Erleichterung der Sanierung von Unternehmen (ESUG) 2012 war zunächst unklar, ob auch Gewerkschaftsvertreter mit in den vorläufigen Gläubigerausschuss aufgenommen werden können. Diese Diskussion wurde mit einem Federstrich des Gesetzgebers beendet, indem § 21 Abs. 2 S. 1 Nr. 1a InsO um den Verweis auf § 67 Abs. 3 InsO erweitert wurde. Nachdem diese Großbaustelle beseitigt ist, stellt sich aus Sicht des Gerichts die Frage, ob es weiteren Anpassungsbedarf gibt. Diese Frage soll im Nachfolgenden erörtert werden. Dazu werden die derzeitigen Problembereiche im Rahmen von Gläubigerausschüssen, die sich für das Insolvenzgericht ergeben, aufgezeigt und untersucht, inwieweit mit den bereits vorhandenen Normen eine Lösung erzielt werden kann.

A. Auswahl des Arbeitnehmervertreters

Die Auswahl der Mitglieder des Gläubigerausschusses obliegt dem Insolvenzgericht. Die Mitglieder können entweder auf Grundlage eines Vorschlags oder aus eigener Entscheidung des Insolvenzgerichts bestimmt werden. Das Ermessen ist insoweit eingegrenzt, als dass nach § 67 Abs. 2 InsO bestimmte Gläubigergruppen vertreten sein müssen. Als Sondernorm sieht § 67 Abs. 2 S. 2 InsO vor, dass auch die Arbeitnehmer im Gläubigerausschuss vertreten sein sollen. Für diese Position werden zumeist entweder eigene Mitarbeiter des Schuldners oder Vertreter von Gewerkschaften vorgeschlagen. Denkbar könnte auch die Bestellung eines externen Vertreters für die Arbeitnehmerinteressen (z.B. durch einen Rechtsanwalt) sein. Für das Gericht muss sich am Anfang des Verfahrens die Frage stellen, wer am besten die Interessen der Arbeitnehmer im Ausschuss vertreten kann und daher bestellt werden sollte. Es ergeben sich dabei je nach Bewerbergruppe unterschiedliche Rechtsprobleme und praktische Fragen.

I.   Arbeitnehmer aus dem Unternehmen

Soll ein Arbeitnehmer aus dem Unternehmen die Interessenvertretung im Gläubigerausschuss übernehmen, stellen sich für das Gericht die Probleme, eine Person zu finden, die zugleich noch gewisse Kompetenzen aufweisen muss und zeitlich verfügbar ist.

1.   Finden einer mitwirkungsbereiten Person

Der Vorschlag eines Mitarbeiters aus dem Unternehmen erfolgt zumeist vom Schuldner selbst. Für das Gericht stellt sich dann das Problem, dass zunächst nicht klar ist, in welchem Verhältnis der Arbeitnehmer zum Schuldner steht. Es gilt zu verhindern, dass der Vertreter der Arbeitnehmer in einem Loyalitätsverhältnis zum Schuldner (Arbeitgeber) steht, so dass er faktisch die Interessen der Arbeitnehmer nicht mehr wahrnehmen kann.[1]

Um eine solche Interessenkollision aufdecken zu können, sollte sich das Gericht mit dem Schuldner unmittelbar in Verbindung setzen und die Gründe erfragen, warum gerade diese Person als Arbeitnehmervertreter vorgeschlagen wurde. Je größer das Unternehmen ist, umso unkritischer wird es zumeist sein. Bei großen Unternehmen wird es zudem möglich sein, Alternativvorschläge einzufordern.

Weiterhin hat das Gericht die Möglichkeit, auf die im Betrieb primär vertretene Gewerkschaft zuzugehen, um dort zu eruieren, ob gegebenenfalls Bedenken hinsichtlich der Vertretung bestehen oder ob innerbetriebliche Konflikte bekannt sind. Bei Insolvenzen mit einer kritischen Informationslage hat das Gericht indes zu hinterfragen, ob Dritte mit ins Boot geholt werden sollten.

2.   Kompetenz der Person

Neben der Abhängigkeit ist die Kompetenz ein weiteres Problem bei vorgeschlagenen Arbeitnehmervertretern. Die Erfahrungen haben gezeigt, dass sich der Vorschlag des Schuldners zumeist nicht an der Kompetenz, sondern an der Willfährigkeit des Arbeitnehmers ausrichtet. Zudem besteht die Gefahr, dass die vorgeschlagenen Arbeitnehmer ihr Können überschätzen und die Komplexität der Tätigkeit eines Gläubigerausschussmitglieds unterschätzen.

Um Risiken in diesem Bereich abzuklären, sollte das Gericht vor der Bestellung des Arbeitnehmers unbedingt mit diesem persönlich sprechen. Es sollte dabei über die Aufgaben und die (Haftungs-)Risiken aufgeklärt werden. Nur so wird der Arbeitnehmervertreter in die Lage versetzt, selbstbestimmt darü-

---

1   Ebenso *Wroblewski*, ZInsO 2014, 115, 118.

ber zu entscheiden, ob er der Aufgabe gewachsen ist. Die Praxis hat gezeigt, dass nach einer Aufklärung ursprünglich willige Arbeitnehmer keinen Drang mehr verspüren, in den Gläubigerausschuss einbezogen zu werden.

Sollten erhebliche Zweifel an der Eignung der aus dem Kreis der Mitarbeiter vorgeschlagenen Person bestehen, bietet es sich für das Gericht an, einen Vertreter der im Betrieb vertretenen Gewerkschaften zu bestellen (siehe dazu A. II.).

3. Zeitliche Verfügbarkeit der Person

Das Gericht hat auch in Blick zu nehmen, ob der Arbeitnehmer dem zeitlichen Umfang der Tätigkeit gewachsen sein wird. Gerade in der Anfangsphase kann die Tätigkeit sehr zeitaufwendig sein. Arbeitnehmer, die bisher noch keine Erfahrung mit einer Tätigkeit im Gläubigerausschuss gemacht haben, können diese daher unterschätzen. Insoweit sollte das Gericht mit den Beteiligten erörtern, ob die Arbeitskraft des Arbeitnehmers für die Fortführung des Unternehmens benötigt wird. Es ist dem Unternehmen nicht geholfen, wenn eine Führungskraft primär für den Gläubigerausschuss zur Verfügung steht und die Arbeitskraft dann bei der Unternehmensfortführung fehlt.

II. Gewerkschaftsmitglied

Während es beim endgültigen Gläubigerausschuss unstreitig war, dass auch Mitglieder einer Gewerkschaft die Arbeitnehmer vertreten können, war dies für den vorläufigen Gläubigerausschuss umstritten.[2] Durch die Erweiterung der Verweisung des § 21 Abs. 2 Satz 1 Nr. 1a InsO auf § 67 Abs. 3 InsO ist nunmehr unstreitig auch die Bestellung eines Gewerkschaftsmitglieds im vorläufigen Gläubigerausschuss möglich.[3] Dennoch muss das Insolvenzgericht auch bei der Bestellung eines Mitglieds der Gewerkschaft noch Fragen klären.

1. „Vertretungsbefugnis" der Gewerkschaft

Der Vertreter der Arbeitnehmer muss geeignet sein, die Interessen der beteiligten Arbeitnehmer im Gläubigerausschuss wahrzunehmen. Dazu ist es in der Regel erforderlich, dass die entsprechende Bindung in den Betrieb besteht. Bei Gewerkschaften kann sich insoweit das Problem stellen, dass diese nur einen geringen Teil der Arbeitnehmerschaft vertreten.[4] Obwohl es im Gesetz keine Vorgaben gibt, sollte das Insolvenzgericht darauf achten, dass die Gewerkschaft einen relevanten Teil der Arbeitnehmerschaft vertritt und insoweit un-

---

2   Vgl. dazu AG Hannover 14.9.2015 – 908 IN 594/15, ZInsO 2015, 1983ff.; *Wroblewski*, ZInsO 2014, 115, 118 f.

3   So *Blankenburg*, in: K/P/B, InsO, § 21 Rn. 81.

4   So z.B. bei einer Pilotenvereinigung im Rahmen der Insolvenz einer Fluglinie.

technisch gesprochen „vertretungsbefugt" ist.[5] Als Kriterien für die Bestimmung der Relevanz bieten sich der Anteil der in der Gewerkschaft vertretenen Arbeitnehmer im Verhältnis zur Gesamtbelegschaft sowie das Verhältnis zu den sonstigen Gewerkschaften im Unternehmen an.

2. Bereitschaft der Gewerkschaft

Für das Insolvenzgericht stellt sich zudem die Problematik zu prüfen, ob die Gewerkschaft überhaupt vertretungsbereit ist. Dem Gericht werden zu Beginn des Verfahrens die erforderlichen Informationen fehlen, welche Gewerkschaften überhaupt vertreten sind. Werden keine Gewerkschaftsmitglieder vorgeschlagen und will das Gericht diese autonom bestimmen, muss sich der Richter erst mühsam durchfragen.

Insoweit könnte es sich für die Gerichte anbieten, eine zentrale Datenbank zu führen, in der vermerkt wird, ob eine Gewerkschaft überhaupt zur Übernahme einer Tätigkeit im vorläufigen Gläubigerausschuss bereit ist und wer der jeweilige Ansprechpartner ist. Dies könnte die Neigung eines Gerichts, ohne Vorschlag des Schuldners einen entsprechenden Vertreter zu bestellen, signifikant erhöhen.

III. Externer Dritter

Durch die Erweiterung des § 21 Abs. 2 S. 1 Nr. 1 InsO ist es nunmehr sowohl im vorläufigen als auch im endgültigen Gläubigerausschuss möglich, dass Dritte als Gläubigerausschussmitglieder bestellt werden. Insoweit wäre es auch möglich, die Interessen der Arbeitnehmer z.B. durch einen Rechtsanwalt vertreten zu lassen.[6] Das Gericht sollte jedoch Vorsicht bei einer solchen Bestellung walten lassen. Der Vertreter der Arbeitnehmer ist durch § 67 Abs. 2 S. 2 InsO besonders herausgestellt worden. Er soll die Interessen der Belegschaft vertreten. Würde ein vom Schuldner vorgeschlagener Rechtsanwalt unkritisch bestellt, wäre eine solche Interessenvertretung nicht sichergestellt. Gleiches gilt für ein Mitglied der Bundesagentur für Arbeit. Das Insolvenzgericht sollte daher nur in den Fällen, in denen sich weder ein Arbeitnehmer oder eine Gewerkschaft zur Vertretung bereiterklärt, einen Dritten einsetzen.

---

5   Ebenso *Wroblewski*, ZInsO 2014, 115, 118, der auf § 2 Abs. 2 BetrVG verweist.
6   A.A. wohl *Wroblewski*, ZInsO 2014, 115, 118.

B. Arbeitsplatzverlust bei einem Gläubigerausschussmitglied

Ist ein Arbeitnehmer als Mitglied des Gläubigerausschusses bestellt, ergibt sich die Frage, wie es sich auswirkt, wenn der Arbeitnehmer seinen Arbeitsplatz verliert, sei es durch eine Kündigung oder einen freiwilligen Wechsel. Aufgrund der unterschiedlichen Funktion der Gläubigerausschussmitglieder ist zu differenzieren, ob der Arbeitnehmer für einen Gläubiger als Vertreter entsandt wurde oder ob er als Vertreter der Arbeitnehmer eingesetzt wurde.

I. Arbeitnehmer als Vertreter eines Gläubigers

Häufig werden Arbeitnehmer der Gläubiger, zumeist aus der mittleren Managementebene, als Ausschussmitglieder bestellt. Kommt es dann zu einem Wechsel des Arbeitsplatzes, können sowohl der Gläubiger als auch der Arbeitnehmer ein Interesse daran haben, dass auch das Mitglied im Gläubigerausschuss gewechselt wird.

Ist der Arbeitnehmer selbst als Ausschussmitglied bestellt, bedarf es für den Wechsel des Mitglieds eines wichtigen Grundes gemäß § 70 S. 1 InsO. Umstritten ist die Frage, ob dies auch dann der Fall ist, wenn eine juristische Person als Mitglied bestellt wurde und insoweit der Arbeitnehmer nur als Vertreter entsandt wird. Der Grundsatz der Kontinuität der Arbeit des Gläubigerausschusses spricht dafür, dass auch ein solcher Wechsel des Vertreters nur auf gerichtliche Anordnung möglich ist.[7]

Nach der zutreffenden Ansicht des LG Aurich stellt ein Arbeitsplatzwechsel keinen wichtigen Grund für eine Entlassung dar.[8] Weder ist der mangelnde Wille zur Mitwirkung[9] ein Entlassungsgrund noch die zeitliche Belastung mit dem Verfahren. Lediglich wenn bei vernünftiger Sichtweise die Tätigkeit unzumutbar ist, kommt eine Entlassung in Betracht.[10] Dies kann der Fall sein, wenn der Arbeitnehmer zu einem Konkurrenten wechselt und insoweit weiterhin Kenntnis von Betriebsinterna erhalten würde.

---

7   *Blankenburg*, in: K/P/B, InsO, § 21 Rn. 93; *Cranshaw/Portisch/Knöpnadel*, ZInsO 2015, 1, 5; *Frind*, ZInsO 2013, 279, 283; a. A. Uhlenbruck/*Vallender*, InsO, 15. Aufl., § 22a Rn. 57, wonach die entsandte Person jeweils wechseln kann. Sollte aufgrund der Wechsel die Tätigkeit des Ausschusses behindert werden, sei eine Abberufung des Vertreters möglich.

8   LG Aurich 28.9.2022 – 7 T 167/22, ZRI 2022, 908; ähnlich in diesem Sinne AG München 21.2.2023 – 1542 IN 1308/20, Rpfleger 2023, 531; a.A. AG Norderstedt 10.8.2007 – 66 IN 261/04, ZInsO 2007, 1008.

9   Nach HambKomm/*Frind*, InsO, 9. Aufl., § 70 Rn. 6, ist es allerdings nicht sinnhaft, ein „unwilliges" Mitglied im Amt zu halten.

10   Dazu BGH 29.3.2012 – IX ZB 310/11, ZInsO 2012, 826 Rn. 6.

II.　Arbeitnehmer als Vertreter der Arbeitnehmer

Ist der Arbeitnehmer nicht Vertreter eines Gläubigers, sondern als Vertreter der Arbeitnehmer entsandt worden, dürfte sich die Situation anders darstellen. Aufgrund der andersartigen Aufgabe dieses Gläubigerausschussmitglieds sollte ein wichtiger Grund bei einem Arbeitsplatzwechsel bejaht werden.

Wird ein Ausschussmitglied nach § 67 Abs. 2 S. 1 InsO bestellt, soll es die finanziellen Interessen der Gläubiger vertreten. Dafür ist es nicht zwingend erforderlich, weiterhin Arbeitnehmer des jeweiligen Gläubigers zu sein. Anders sieht es hingegen bei dem Arbeitnehmervertreter aus. Er soll nicht nur die finanziellen Interessen der Arbeitnehmer wahren, sondern auch auf das Beschäftigungsinteresse achten. Dazu bedarf es einer Rückkopplung in den Betrieb. Eine Rücksprache mit bisherigen Arbeitnehmern könnte dem Ausschussmitglied rechtlich unzumutbar sein, wenn die Tätigkeit bei einem Konkurrenzunternehmen aufgenommen wird.

Sollte daher der Arbeitnehmer selbst keinen Antrag auf Entlassung stellen, hat das Insolvenzgericht in Erwägung zu ziehen, ob eine Entlassung von Amts wegen erfolgt, wenn der Arbeitsplatzverlust bekannt wird.

C.　Haftung des Arbeitnehmervertreters im Gläubigerausschuss

Wird ein Arbeitnehmer aus dem schuldnerischen Betrieb als Gläubigerausschussmitglied vorgeschlagen, mangelt es häufig an den Vorstellungen darüber, welchen Haftungsrisiken ein solches Mitglied ausgesetzt ist. Daher sollte das Insolvenzgericht zumindest kursorisch auf die besonderen Haftungsrisiken hinweisen, damit der Arbeitnehmer die Möglichkeit hat, sich darüber Gedanken zu machen.

Die Haftung der Mitglieder des Gläubigerausschusses ergibt sich aus § 71 InsO. Voraussetzung ist eine schuldhafte Pflichtverletzung. Wesentlich ist dabei, dass sämtliche Gläubigerausschussmitglieder nicht nur verpflichtet sind, die Rechtmäßigkeit des Handelns des (vorläufigen) Insolvenzverwalters zu überwachen, sondern auch auf die Zweckmäßigkeit achten müssen. Insbesondere im Eröffnungsverfahren bestehen hohe Haftungsgefahren, da der Ausschuss hier die Zweckmäßigkeit des Verwalterhandelns aufgrund häufig wenig gesicherter Informationsbasis zu überwachen hat.[11] In der Eigenverwaltung sind die Haf-

---

11　HambKomm/*Frind*, InsO, 9. Aufl., § 71 Rn. 3.

tungsszenarien noch häufiger, da der Ausschuss jederzeit die mögliche Nachteiligkeit der Eigenverwaltung und die unternehmerischen Entscheidungen des Schuldners zu würdigen hat.[12]

Als haftungsrechtlich relevant stellen sich insbesondere folgende Punkte dar:

- Unterlassen der Kassenprüfung
- Keine Prüfung der Wirtschaftlichkeit des Handelns
- Unterlassener Antrag auf Aufhebung der Eigenverwaltung
- Keine Prüfung der Anlage von Massegeldern.

Der Arbeitnehmer sollte insbesondere wissen, dass eine komplette Freizeichnung aus der Haftung nicht dadurch möglich ist, dass die Prüfung auf bestimmte Mitglieder des Gläubigerausschusses übertragen wird. Denn bei einer Delegation auf ein Mitglied haften die Übrigen für dessen regelmäßige Überwachung.[13]

Aufgrund dieser erheblichen Haftungsrisiken bietet es sich grds. an, eher ein Mitglied einer Gewerkschaft mit Erfahrung in Gläubigerausschüssen zu bestellen als einen einfachen Arbeitnehmer aus dem Betrieb. Erklärt sich dennoch ein Arbeitnehmer für die Tätigkeit bereit, hat er darauf zu drängen, dass der (vorläufige) Gläubigerausschuss umgehend eine ausreichende Vermögensschadenhaftpflichtversicherung abschließt. Die Kosten dafür hat die Masse zu tragen.[14]

D. Vergütung des Arbeitnehmervertreters im Gläubigerausschuss

Die Vergütung des Gläubigerausschussmitglieds könnte eine treibende Kraft für die Einwilligung zur Bestellung sein. § 17 Abs. 2 InsVV sieht insoweit eine Vergütung von 500,- EUR für die Mitwirkung bei der Bestellung des vorläufigen Insolvenzverwalters/Sachwalters vor. Die übrige Tätigkeit ist gemäß § 17 Abs. 1 InsVV mit einem Stundensatz von 50,- bis 300,- EUR zu vergüten.

In jüngerer Zeit hat der BGH die Kriterien zur Festsetzung einer angemessenen Vergütung präzisiert. Bei den in § 17 Abs. 1 InsVV normierten Stundensätzen handelt es sich nur um Regelsätze, die keine Höchstgrenzen darstellen.[15] Das Gericht darf für jedes Mitglied unterschiedliche Stundensätze bestim-

---

12   HambKomm/*Frind*, InsO, 9. Aufl., § 71 Rn. 3.
13   OLG Celle 3.6.2010 – 16 U 135/09, ZInsO 2010, 1233 Rn. 25.
14   Zur Auswahl der Haftpflichtversicherung AG Hannover 30.8.2016 – 908 IN 460/16; ZInsO 2016, 1875.
15   BGH 14.1.2021 – IX ZB 71/18, ZInsO 2021, 409 Rn. 13.

men.[16] Dazu hat es für sämtliche Mitglieder den Umfang und die Schwierigkeit des Insolvenzverfahrens sowie den Umfang und die Schwierigkeit der Aufgaben des Gläubigerausschusses in dem betreffenden Insolvenzverfahren zu berücksichtigen.[17] Bei der Einzelbewertung der Tätigkeit der Mitglieder sind die nicht versicherbaren Haftungsrisiken, die Art und der inhaltliche Umfang (Intensität) der Mitwirkung sowie die Qualifikation und Sachkunde zu berücksichtigen.[18] Ist das Mitglied kein Gläubiger, kann sich das Insolvenzgericht an den marktüblichen Stundensätzen orientieren, wenn das Mitglied gerade wegen seiner besonderen Qualifikation und Kenntnis bestellt wurde.[19]

Aufgrund der zumeist fehlenden Sachkunde wird sich der Stundensatz eines Arbeitnehmers aus dem Betrieb des Schuldners eher am unteren Ende der Skala zwischen 50,- und 70,- EUR orientieren. Der Stundensatz kann höher ausfallen, wenn es sich um ein besonders umfangreiches Verfahren handelt. Entsendet die Gewerkschaft einen Vertreter, der bereits Erfahrungen in Gläubigerausschüssen gesammelt hat und insoweit dort größere Aufgaben übernehmen kann, kommt ein höherer Stundensatz in Betracht.

E. Fazit

Der Gesetzgeber hat in den letzten Jahren die wesentlichen Mängel im Bereich des Gläubigerausschusses beseitigt, indem nunmehr durch den Verweis auf § 67 Abs. 3 InsO in § 21 Abs. 2 S. 1 Nr. 1a InsO auch Dritte und damit Gewerkschaftsmitglieder als Mitglieder des vorläufigen Gläubigerausschusses bestellt werden können. Zudem hat er die Vergütung erheblich angehoben, um die Tätigkeit attraktiver zu gestalten.

Er hat damit den Beteiligten im Insolvenzverfahren ein ausreichendes Rüstzeug zur Verfügung gestellt, um die Tätigkeit des Gläubigerausschusses adäquat auszuüben. Das Insolvenzgericht ist aber dazu aufgerufen, dabei aktiv eine Rolle zu übernehmen und nicht nur schlicht vorgeschlagene Personen unkritisch zu bestellen. Arbeitnehmer aus dem Unternehmen sollten hinreichend über den Umfang und die Risiken der Tätigkeit belehrt werden. Das Gericht hat immer in Erwägung zu ziehen, ob die Bestellung eines Gewerkschaftsvertreters nicht sinnvoller ist, insbesondere wenn der vorgeschlagene Arbeitnehmer für die Tätigkeit nicht hinreichend geeignet erscheint.

---

16   BGH 14.1.2021 – IX ZB 71/18, ZInsO 2021, 409 Rn. 15.
17   BGH 14.1.2021 – IX ZB 71/18, ZInsO 2021, 409 Rn. 9.
18   BGH 14.1.2021 – IX ZB 71/18, ZInsO 2021, 409 Rn. 9.
19   BGH 14.1.2021 – IX ZB 71/18, ZInsO 2021, 409 Rn. 16.

Arbeitnehmerbeteiligung im Gläubigerausschuss – Vorschläge aus Sicht der Rechtswissenschaft

Prof. Dr. Stefan Smid, Christian-Albrechts-Universität Kiel

A. Vorbemerkung

Mit der Arbeit in einem Gläubigerausschuss habe ich – als Vorsitzender eines Gläubigerausschusses übrigens durchwegs positive – Erfahrungen machen können. Gläubigerausschüsse sind freilich aus gutem Grund eine diskrete Veranstaltung; Berichte über konkrete Vorgänge haben daher zu unterbleiben. Die rechtswissenschaftliche Auseinandersetzung mit der Arbeitnehmerbeteiligung in Gläubigerausschüssen ist folglich auf die Auseinandersetzung mit Fallgruppen und mit solchen Fällen verwiesen, die in der Judikatur aufgeschienen sind; diese Fälle sind nicht sehr häufig und bedürfen der systematischen Einordnung:

B. Allgemeine Zusammenarbeit von Insolvenzverwaltung und Arbeitnehmer in der Unternehmensinsolvenz

I. Insolvenzverfahren als Instrument der Haftungsverwirklichung

Das Insolvenzverfahren dient der Verwirklichung der Haftung des Schuldners bzw. der Schuldnerin.

Die Einleitung des Insolvenzverfahrens leitet das Handeln der Beteiligten aus dem Bereich der privatautonomen Gestaltung in das Handeln unter dem Regime insolvenzrechtlicher Pflichtenordnung über: Das rechtliche Umfeld des Handelns des Insolvenzverwalters oder der Insolvenzverwalterin ist nicht durch Privatautonomie, sondern durch pflichtengebundenes Amtshandeln geprägt. Insolvenzverwalterinnen und -verwalter handeln als objektive, allein Pflichten folgende Organe des Insolvenzverfahrens (als Partei kraft Amtes) und sie sind daher sogar den Entscheidungen der Organe der Gläubigerselbstverwaltung nur in gesetzlich eng bestimmten Punkten unterworfen (man denke an die Bestimmungen des Gläubigerausschusses über den Umgang mit Wertsachen, § 149 InsO).

II. Organe des Insolvenzverfahrens

1. Insolvenzrechtliches Regime und Pflichtbindung der Organe des Insolvenzverfahrens

Die Organe des Insolvenzverfahrens – Insolvenzverwalter, Gläubigerversammlung, Gläubigerausschuss, auch das Insolvenzgericht – stehen unter der Herrschaft des insolvenzrechtlichen Pflichtenregimes.

An dieser Stelle ist zu bemerken, dass in vielen Fällen das Insolvenzgericht nicht den Kontakt zum Gläubigerausschuss sucht – es wäre empfehlenswert, die gesetzlichen Regelungen der §§ 67ff. InsO durch eine Vorschrift zu ergänzen, die es dem Insolvenzgericht auferlegt, an Sitzungen des Gläubigerausschusses teilzunehmen.

2. Gläubigerausschüsse als flexibles Instrument der Gläubigerselbstverwaltung

Die Gläubigerversammlung mit ihren komplizierten Einberufungsmechanismen und – sofern sie besucht wird – der Unwägbarkeit ihres Verlaufs und ihrer Ergebnisse ist kein sehr geeignetes Instrument, den Interessen der Gläubiger und Gläubigerinnen im Verfahren einer Unternehmensinsolvenz auf sinnvolle Weise Gehör zu verschaffen. Sie vermag insbesondere einen dauerhaften Dialog zwischen Gläubigerschaft und Insolvenzverwalter über die Abwicklung des Verfahrens kaum zu gewährleisten. Daher sieht die InsO die Einrichtung eines für die Verfahrensdauer dem Insolvenzverwalter zur Seite stehenden Gläubigerausschusses vor. Als Kollektivorgan handelt der Gläubigerausschuss aufgrund zuvor gefasster Mehrheitsbeschlüsse (§ 72 InsO).

III. Die gesetzlichen Aufgaben des Gläubigerausschusses

1. Übersicht

a) Aufsicht und Hilfestellung

Der Gläubigerausschuss hat gemäß § 69 S. 1 InsO die Aufgaben, den Insolvenzverwalter bei der Erfüllung seiner Pflichten

– zu unterstützen und
– zu überwachen.

Jedes Mitglied des Gläubigerausschusses treffen individuell die insolvenzrechtlich normierten Hilfestellungs- und Überwachungspflichten. Die Pflicht zur Überwachung des Geldverkehrs und des Bestands der Mittel hat einen eindeutigen Zweck, nämlich den Schutz der Masse.[1]

b) Genehmigungen

Problematischer ist die Betrachtung der Hilfestellungsaufgaben, die von der Mitwirkung bei der Auswahl eines Investors bis hin zur Beurteilung von Anfechtungsprozessen (§ 160 Abs. 2 Nr. 3 InsO)

– zu den Vorbehalten einer Genehmigung von Handlungen der Insolvenzverwaltung noch unten C.III.
– reichen können.

So sind im Einzelnen folgende Maßnahmen des Verwalters genehmigungspflichtig:[2] Namentlich in Verfahren, in denen durch Insolvenzplan eine Sanierung des schuldnerischen Unternehmensträgers beabsichtigt wird, bedürfen Kreditaufnahmen (§ 160 Abs. 2 Nr. 2 InsO) der Genehmigung durch den Gläubigerausschuss, da diese die zur Verteilung gelangende Masse schmälern, und die Übernahme von Verbindlichkeiten. Nach der ratio des § 160 Abs. 2 Nr. 2 InsO ist damit allein die Übernahme fremder Verbindlichkeiten gemeint,[3] worunter Schuldübernahmen im Sinne von §§ 414ff. BGB, die Übernahme von Bürgschaften gemäß §§ 765ff. BGB oder die dingliche Belastung von Grundstücken, die sich im gepfändeten Vermögen befinden, zur Sicherung fremder Schuld zu verstehen sind.

Weiterhin bedürfen alle Grundstücksgeschäfte des Verwalters der Zustimmung des Gläubigerausschusses, da sie entweder wesentliche Vermögensgegenstände aus dem Haftungsverband nehmen oder – wie im Fall des Erwerbs von Grundstücken – Verwertungsfragen aufwerfen (§ 160 Abs. 2 Nr. 1 InsO). Schließlich bestimmt § 160 Abs. 2 Nr. 3 InsO die Zustimmungspflicht bezüglich des Anhängigmachens von Rechtsstreitigkeiten, nicht dagegen die Erwiderung auf Klagen, die gegen die Masse gerichtet sind; bezüglich der Ablehnung der Aufnahme von Aktiv- oder Passivprozessen, prozessualer Verzichtserklärungen und außergerichtlicher oder gerichtlicher Vergleichsabschlüsse. Ne-

---

1 BGH 9.10.2014 – IX ZR 140/11, ZIP 2014, 2242.
2 Vgl. auch *Klopp/Kluth*, in: Gottwald (Hrsg.), Insolvenzrechts-Handbuch, 3. Aufl. 2006, § 21 Rn. 21ff.; *Heidland*, in: Kölner Schrift zur Insolvenzordnung, 2. Aufl. 2000, S. 728ff. (Rn. 35ff.); *Pape*, ZInsO 1999, 675ff.
3 Ähnlich *Ries*, in: Kayser/Thole, InsO, 10. Aufl. 2020, § 160 Rn. 9.

ben diesen Regelbeispielen[4] erfordern gemäß § 160 Abs. 1 Satz 1 InsO solche Rechtshandlungen des Verwalters eine Zustimmung, die erhebliche Auswirkungen auf den Bestand des verwalteten Vermögens haben:[5] Darunter fallen Verpflichtungsgeschäfte, die auf die Veräußerung von Massegegenständen gerichtet sind, deren Veräußerung im Zeitpunkt des Vertragsschlusses noch nicht wirtschaftlich geboten ist und u. U. das Erfüllungsverlangen des Verwalters (§ 103 InsO, nicht dagegen die Verweigerung der Erfüllung) oder Forderungsabtretungen. Der Insolvenzverwalter hat dem Gläubigerausschuss darüber Mitteilung zu machen, wenn er die Geschäftsschließung beabsichtigt (§ 158 Abs. 1 InsO).

2. Persönliche Haftung der Mitglieder des Gläubigerausschusses

Die persönliche Haftung der Mitglieder des Gläubigerausschusses wird begründet, wenn sie gegen ihre Überwachungspflichten verstoßen. So haben nach § 69 S. 2 InsO die Ausschussmitglieder sich über den Gang der Geschäfte zu unterrichten sowie die Bücher und Geschäftspapiere einzusehen, Geldverkehr und Bestand zu prüfen.[6] Diese Pflichten treffen nicht den Gläubigerausschuss als solchen, sondern die einzelnen Ausschussmitglieder.[7] Die Prüfungspflichten müssen von den Mitgliedern des Gläubigerausschusses nicht in personam vorgenommen werden, sondern können auf eine mit der Prüfung zu betrauenden Person übertragen werden, die dann von den Mitgliedern des Gläubigerausschusses sorgfältig auszuwählen und zu überwachen ist.

IV. Reichweite der Pflichten der Mitglieder des Gläubigerausschusses – Beispiele aus der höchstrichterlichen Judikatur

1. Fragestellung

Dass die Mitglieder des Gläubigerausschusses dem insolvenzrechtlichen Regime unterworfen sind, begründet nicht unerhebliche Anforderungen an ihre fachliche Kompetenz, über die sie bei der Wahrnehmung ihres Amtes verfügen müssen – um sich nicht in Haftungslagen zu begeben. Die Reichweite der Pflichtenlagen, die von den Mitgliedern des Gläubigerausschusses namentlich bei der Überwachung des Insolvenzverwalters zu beachten sind, ist keine Selbstverständlichkeit.

---

4   *Balthasar*, in: Nerlich/Römermann, InsO, 44. EL 2021, § 160 Rn. 28; *Zipperer*, in: Uhlenbruck, InsO, 15. Aufl. 2019, § 160 Rn. 19.

5   *Ries*, in: Kayser/Thole, InsO, 10. Aufl. 2020, § 160 Rn. 2; *Heidland*, in: Kölner Schrift zur Insolvenzordnung, 2. Aufl. 2000, S. 730 f. (Rn. 48f.).

6   *Riedel*, in: Kayser/Thole, InsO, 10. Aufl. 2020, § 69 Rn. 2.

7   BGH 1.3.2007 – IX ZB 47/06, ZIP 2007, 781.

2.   Unzureichende Überwachung des Insolvenzverwalters

Mit einer Entscheidung aus dem März 2013[8] hat der IX. Zivilsenat des BGH die Haftung des Gläubigerausschusses wegen unzureichender Überwachung des Insolvenzverwalters näher gefasst – diese Entscheidung leuchtet unmittelbar ein. Dabei ging es um die Überwachung der Geldtransfers, die ein Insolvenzverwalter in strafbarer Weise von den Massesonderkonten, die er in verschiedenen Verfahren geführt hatte, auf ein „Poolkonto" vorgenommen hatte. Der IX. Zivilsenat des BGH hält daran fest, dass ein prima-facie-Beweis dafür spricht, dass der Insolvenzverwalter, der durch die Mitglieder des Gläubigerausschusses sorgfältig überwacht wird, es nicht wagt, durch strafbare Handlungen Untreue an dem Vermögen, das als Insolvenzmasse beschlagnahmt und seiner Verwaltung anvertraut ist, zu begehen. Die Mitglieder des Gläubigerausschusses müssen daher, um ihre Pflichten der Überwachung der Tätigkeit des Insolvenzverwalters ordnungsgemäß zu erfüllen, die Kontenführung des Hinterlegungskontos nach § 149 Abs. 1 InsO überwachen. Sie müssen es unterbinden, dass der Insolvenzverwalter die Massekonten „abräumt" und die Gelder auf einem Konto „poolt".

Dabei ist bemerkenswert, dass der IX. Zivilsenat sieht, dass die Masse auch dann durch Veruntreuungen des Verwalters im Wege der rechtswidrigen Einrichtung von Poolkontos geschädigt sein kann, wenn ein Mitzeichnungsvorbehalt nach § 149 Abs. 2 InsO a.F. vorgelegen und bei Übertragungen die Bank nicht mit befreiender Wirkung geleistet hat. Denn wenn die Bank sich streitig stellt – was sie jederzeit kann – ist der Erfüllungsanspruch mangelbehaftet. Denn wie der IX. Zivilsenat unter Rückgriff auf eine frühere Judikatur des BGH[9] ausführt, ist der bestrittene Erfüllungsanspruch mit dem unbestrittenen Anspruch auf Auszahlung des zuvor bestehenden Guthabens nicht gleichwertig.[10]

3.   Der „Anderkontenfall"

Das ist kein exotischer Fall. Aber Haftungsrisiken können auch durch Konstellationen ausgelöst werden, an die man vielleicht zunächst als Mitglied eines Gläubigerausschusses nicht ohne Weiteres denkt. So kann es vorkommen, dass der Insolvenzverwalter trotz der einschlägigen Judikatur des BGH[11] Gelder auf Anderkonten anlegt – was Untreuetatbestände verwirklicht.

---

8   BGH 21.3.2013 – IX ZR 109/10, ZIP 2013, 1235.
9   BGH 30.1.1962 – VI ZR 18/61, WM 1962, 349.
10   So bereits AGZ 149, 182, 186.
11   BGH 7.2.2019 – IX ZR 47/18, NZI 2019, 414; zum Ganzen *Kamm*, ZInsO 2019, 1085 ff.

In einer solchen Lage trifft die Mitglieder des Gläubigerausschusses nicht allein eine gesteigerte Aufsichtspflicht; vielmehr sind sie gehalten, unverzüglich das Insolvenzgericht zu unterrichten.

4. Keine Höchstpersönlichkeit der Pflicht zur Überwachung des Rechnungswesens

Bei der Überwachung des Abrechnungswesens des Insolvenzverwalters kann sich der Gläubigerausschuss externer Prüfer bedienen, für deren Entlohnung die Masse haftet.

Dies illustriert ein vom BFH entschiedener Fall: Auf der konstituierenden Sitzung des Gläubigerausschusses beschloss dieser auf Vorschlag des Insolvenzverwalters, mit der Rechnungsprüfung den externen Prüfer X zu beauftragen, der in der Folgezeit dem Insolvenzverwalter seine Tätigkeiten im Rahmen der vom Gläubigerausschuss in Auftrag gegebenen Kassenprüfung in Rechnung stellte.

Der Insolvenzverwalter ist zum Vorsteuerabzug berechtigt. Die Beauftragung „durch den Gläubigerausschuss" erfolgt unter Einschluss des Insolvenzverwalters; die Mitglieder des Gläubigerausschusses verpflichten die Masse nicht aus eigenem Recht, sondern der Insolvenzverwalter begründet Masseverbindlichkeiten.[12]

V. Tätigkeit als Mitglied im Gläubigerausschuss als zeitintensive Daueraufgabe

Es sollte nicht außer Betracht bleiben, dass die Mitarbeit im Gläubigerausschuss gerade in großen Unternehmensinsolvenzverfahren einen sehr langwierigen Charakter annehmen kann, wie ein kürzlich bekannt gewordener Fall zeigt.

Die O GmbH war in einem über das Vermögen einer Schuldnerin eröffneten Insolvenzverfahren Gläubigerin. Der Mitarbeiter der O GmbH wurde 2012 in den vorläufigen Gläubigerausschuss berufen. Im Jahr 2022 beantragte er die Entlassung aus dem Gläubigerausschuss aus wichtigem Grund, da er bei der Gläubigerin O GmbH ausgeschieden und die von seiner neuen Tätigkeit ihm abverlangte Arbeitsintensität hoch zeitaufwendig sei, was ihm die Fortsetzung seiner Tätigkeit als Gläubigerausschussmitglied stark erschwere.[13]

---

12 Zum Ganzen BFH 21.4.2022 – V R 18/19, ZIP 2022, 1879.
13 AG Aurich 15.7.2022 – 9 IN 91/11, ZIP 2022, 1823.

Das Insolvenzgericht hat die Entpflichtung abgelehnt, die es als ultima ratio für unvermeidbare Fälle ansehe. Hier habe das Insolvenzverfahren eine lange Dauer und rufe daher keinen hohen Aufwand mehr hervor, so dass die Fortdauer seines Amtes dem Antragsteller zuzumuten sei.

In großen Unternehmensinsolvenzverfahren haben Gläubigerausschüsse, namentlich als vorläufige Gläubigerausschüsse eine wichtige Aufgabe bei der Vorbereitung der Entscheidung des Insolvenzgerichts über die Verwalterauswahl (die Schicksalsfrage der Insolvenz).

Durch das wegen der Finanzierung einer Ausproduktion durch Inanspruchnahme von Insolvenzgeld regelmäßig dreimonatige Eröffnungsverfahren hat sich in der Vergangenheit die *faktische Herrschaft* über das Insolvenzverfahren von den Gläubigern auf den (vorläufigen) Insolvenzverwalter und das ihn auswählende Gericht verlagert.

VI. Vertreter von Arbeitnehmerinnen und Arbeitnehmern im Gläubigerausschuss: Kein Mitglied des Gläubigerausschusses darf Partikularinteressen vertreten

1. Grundsatz

Die Verfolgung von Partikularinteressen durch Mitglieder des Gläubigerausschusses bei der Wahrnehmung des Amtes wäre pflichtwidrig. Denn die Mitwirkung im Gläubigerausschuss dient der Sicherung der pflichtgemäßen Insolvenzverwaltung, also nach dem eingangs Ausgeführten der Verwirklichung der Haftung des Schuldners und der Optimierung der Befriedigung der Gläubigerinnen und Gläubiger.

2. Konsequenzen

a) Negativ formuliert

Dieser Grundsatz erlaubt zunächst einen negativen Schluss, der aus Arbeitnehmersicht vordergründig enttäuschend sein mag: Vertreter von Arbeitnehmerinnen und Arbeitnehmern im Gläubigerausschuss dürfen, um nicht pflichtwidrig zu handeln und im äußersten Fall der Gefahr Schadensersatzansprüchen ausgesetzt zu sein, nicht etwa Interessen von Arbeitnehmerinnen und Arbeitnehmern zu Lasten der (anderen) Gläubigerinnen und Gläubiger verfolgen.

b) Positiv formuliert

Vertreter von Arbeitnehmerinnen und Arbeitnehmern im Gläubigerausschuss vertreten die Interessen der Arbeitnehmer dadurch, dass sie die Einhaltung der insolvenzrechtlichen Pflichten durch den Insolvenzverwalter überwacht – und die Insolvenzverwaltung unterstützen.

Beispiel: Der Insolvenzverwalter nimmt Entlassungen vor.

Der Arbeitnehmervertreter im Gläubigerausschuss unterstützt die Entlassungen, wenn sie zur optimalen Masseverwertung, etwa durch übertragende Sanierung, geboten sind.

Die Mitarbeit von Arbeitnehmerinnen und Arbeitnehmern in Gläubigerausschüssen in über das Vermögen von Arbeitgebern eröffneten Insolvenzverfahren hat eine lange Tradition. Arbeitnehmervertreter haben in Gläubigerausschüssen wie dessen andere Mitglieder an der Aufgabe teilgehabt, den Insolvenzverwalter bei seiner Geschäftsführung zu überwachen, wie es in § 69 S. 1 InsO heißt. Es ist aber schon darauf aufmerksam gemacht worden, dass § 69 S. 1 InsO gerade auch davon spricht, dass die Mitglieder des Gläubigerausschusses die Aufgabe haben, den Insolvenzverwalter bei seiner Geschäftsführung „zu unterstützen". Hier liegt die wirkliche Aufgabe der Arbeitnehmerinnen und Arbeitnehmer als Mitglieder des Gläubigerausschusses – denn sie bezieht sich auf die geschilderten allgemeinen Kooperationsbeziehungen zwischen Insolvenzverwaltung und Arbeitnehmern, die durch die Unterstützung seitens der Mitglieder des Gläubigerausschusses eine institutionelle Verfestigung erfährt. Mitglieder des Gläubigerausschusses sind nach § 67 Abs. 2 InsO Insolvenzgläubiger und absonderungsberechtigte Gläubiger (also die Inhaber von Kreditsicherheiten); Arbeitnehmer sind, wenn überhaupt, Inhaber kleiner Insolvenzforderungen, da ihre Lohn- und Gehaltsansprüche nicht selten durch das Insolvenzgeld abgedeckt werden. Das Gesetz sieht diese Struktur der Kooperation von Insolvenzverwaltung und Arbeitnehmern in der Unternehmensinsolvenz – und erkennt sie dadurch an, dass § 67 Abs. 2 S. 2 InsO (eingehend sogleich B.II.2.) ausdrücklich bestimmt, dass dem Ausschuss ein Vertreter der Arbeitnehmer angehören soll.

VII. Gesetzliche Regelung über die Mitgliedschaft von Arbeitnehmerinnen und Arbeitnehmern im Gläubigerausschuss

1. Sinn der Teilnahme von Arbeitnehmervertretern im Gläubigerausschuss

Damit soll aber nicht verkannt werden, dass die Teilnahme von Arbeitnehmervertretern im Gläubigerausschuss sinnvoll ist, um über die Artikulation der Belange der betroffenen Belegschaft hinaus betriebsbezogene Erkenntnisse der Insolvenzverwaltung bekannt zu machen und dadurch die Aufgabe zu erfüllen, der Insolvenzverwalterin oder dem Insolvenzverwalter bei der Wahrnehmung ihrer oder seiner Aufgaben Hilfe zu leisten. Vor diesem Hintergrund lässt sich beklagen, dass viel zu häufig Arbeitnehmerinnen und Arbeitnehmer bei der Einsetzung von Gläubigerausschüssen unberücksichtigt bleiben.

2. Wortlaut des § 67 Abs. 2 Satz 2 InsO und Reformvorschlag

§ 67 Abs. 2 Satz 2 InsO bestimmt:

„Dem Ausschuß soll ein Vertreter der Arbeitnehmer angehören."

Es wäre empfehlenswert, die Formulierung „soll" durch die Formulierung „muss" zu ersetzen. Um nicht in jedem, also nicht in KMU-Verfahren, gezwungen zu sein, einen Vertreter der Arbeitnehmer in den Gläubigerausschuss zu rufen, wenn dieser überhaupt bestellt wird, wäre an eine Grenze etwa von 50 Arbeitnehmern in Anlehnung an § 22a Abs. 1 Nr. 3 InsO zu denken.

C. Optimierung der Masseverwertung durch Betriebsfortführung als Maßstab für die Tätigkeit von Arbeitnehmerinnen und Arbeitnehmern im Gläubigerausschuss

I. Fragestellung

Gebietet ein vermeintlicher Paradigmenwechsel des Insolvenzrechts eine andere Betrachtungsweise?

Müssen sich Arbeitnehmerinnen und Arbeitnehmer als Mitglieder von Gläubigerausschüssen ungeachtet der insolvenzrechtlichen Pflichtenbindung in den Dienst von anderen Zwecken als der insolvenzrechtlichen Haftungsverwirklichung stellen?

II. Förderung der Sanierung des schuldnerischen Unternehmensträgers als Insolvenzziel und Aufgabe der Mitglieder des Gläubigerausschusses

1. Übertragende Sanierung

a) Verwertung des Vermögens des schuldnerischen Unternehmensträgers durch Übertragung auf Investoren

Seit den sechziger Jahren des vergangenen Jahrhunderts wird die Abwicklung von Unternehmensinsolvenzen von übertragenden Sanierungen geprägt, also der Übertragung des Unternehmens vom schuldnerischen Unternehmensträger auf Investoren.[14] Eine derartige Übertragung des Unternehmens setzt in aller Regel die Mitwirkung der Arbeitnehmer voraus, in deren Händen die Funktion des Betriebes in seinen Abläufen liegt – was man im weitesten Sinne mit dem Knowhow bezeichnen kann, das die Betriebsabläufe aufrechterhält. Auch wenn man früher einmal lesen konnte, das Insolvenzarbeitsrecht diene dazu, aus einer überalterten und demotivierten Belegschaft eine olympiareife Mannschaft zu machen, bestätigt dies doch, dass im Insolvenzverfahren ohne die Mitwirkung der Belegschaft die Realisierung des Wertes, der im Betrieb als Ganzem verkörpert wird, nicht denkbar ist.

In der Unternehmensinsolvenz erfolgt die Haftungsverwirklichung nach alledem durch Verwertung der Insolvenzmasse regelmäßig mittels übertragender Sanierung des schuldnerischen Unternehmens als Ganzem – der Investor sichert Arbeitsplätze und Standorte dadurch, dass sie oder er das Fortführungsrisiko übernimmt.

b) Fälle einer Ausproduktion
Nichts anders gilt im Übrigen in vielen Fällen einer Abwicklung und Stilllegung des Betriebs des schuldnerischen Unternehmensträgers. Für eine Ausproduktion des stillzulegenden Betriebes[15] muss die Insolvenzverwaltung auf die Mitwirkung der Arbeitnehmer setzen können.

2. Betriebsstilllegungen und Betriebsfortführung

a) Schuldnerische Unternehmensträger ohne operativen oder irreparabel-defizitären Betrieb
Hat bereits der Schuldner (insbesondere, aber nicht allein bei Einzelkaufleuten) den Arbeitnehmern vor Stellung des Insolvenzantrags gekündigt oder wird im Eröffnungsverfahren deutlich, dass zum Schutz der Vermögenslage des Schuldners vor nachteiligen Veränderungen (vgl. den Wortlaut des § 21 Abs. 1 S. 1 InsO[16]) der Betrieb stillgelegt werden muss (§ 22 Abs. 1 Satz 2 Nr. 2 InsO[17]), stellen sich die Fragen einer Zusammenarbeit von Insolvenzverwalter sowie Arbeitnehmerinnen und Arbeitnehmern des schuldnerischen Unternehmensträgers in aller Regel nicht mehr.

---

14 *Zipperer*, in: Uhlenbruck, InsO, 15. Aufl. 2019, § 157 Rn. 7; *Keller*, InsR, 2. Aufl. 2020, Rn. 1698ff.; *Leuering*, NJW 2016, 3265.

15 *Steffan/Poppe*, in: IDW, Sanierung und Insolvenz, 2. Aufl. 2022, Kap. C Rn. 450; *Beck/Depré*, in: Praxis der Insolvenz, 3. Aufl. 2017, § 1 Rn. 12.

16 *Mönning*, in: Nerlich/Römermann, InsO, 44. EL 2021, § 21 Rn. 50ff.; *Vallender*, in: Uhlenbruck, InsO, 15. Aufl. 2019, § 21 Rn. 10; *Böhm*, in: Braun, InsO, 9. Aufl. 2022, § 21 Rn. 4.

17 *Haarmeyer/Schildt*, in: MünchKomm-InsO, 4. Aufl. 2019, § 22 Rn. 111ff.; *Mönning*, in: Nerlich/Römermann, 44. EL 2021, § 22 Rn. 167ff.; *Hölzle*, in: K. Schmidt, InsO, 20. Aufl. 2023, § 22 Rn. 11.

b) Zusammenarbeit von (vorläufigen) Insolvenzverwalterinnen und Insolvenzverwaltern mit Arbeitnehmerinnen und Arbeitnehmern des schuldnerischen Unternehmensträgers

Trifft der durch vorläufige Anordnung des Insolvenzgerichts nach Stellung des Insolvenzantrags eingesetzte vorläufige Insolvenzverwalter auf einen laufenden Betrieb des Schuldners, kommt es dagegen in der Vielzahl der Fälle zum Zusammenwirken von Insolvenzverwaltern und Arbeitnehmern bei der Sicherstellung der Betriebsfortführung durch die Liquidität, die im Wege der Vorfinanzierung des Insolvenzgeldes generiert wird.

III. Betriebsfortführungen sind hoch risikobehaftet

1. Betriebsfortführungen lösen regelmäßig Masseverbindlichkeiten aus

a) Übersicht

Gerade die Betriebsfortführung im Insolvenzverfahren ist besonders risikoträchtig – und zwar nicht allein für die Insolvenzverwalterin oder den Insolvenzverwalter, sondern gerade auch für Arbeitnehmerinnen und Arbeitnehmer als Mitglieder des Gläubigerausschusses. Denn wegen der Arbeitnehmerlöhne und -gehälter werden oktroyierte Masseverbindlichkeiten gemäß § 55 Abs. 2 InsO[18] begründet.

Die Fortführung kann darüber hinaus Masseverbindlichkeiten nach § 55 Abs. 1 InsO[19] begründen (typisch: Reinigungs- oder Räumungskosten der an den Vermieter zurückzugebenden Betriebsstätte).

b) Fallbeispiel

Fall: Der Ausschuss ermächtigt den Insolvenzverwalter unter Einsatz erheblicher Mittel eine Fliesenproduktion und eine Tongrube fortzuführen, um die – höheren – Stilllegungskosten zu vermeiden. Nach Ablösung des bisherigen und Einsetzung eines neuen Verwalters begehrt dieser nach § 92 InsO Schadensersatz. Dies setzt freilich die kausale Schadensverursachung voraus.

Zur Betriebsfortführung im Insolvenzverfahren bedarf der Verwalter in der Regel – haftungsträchtiger – Genehmigungen des Gläubigerausschusses (zu

---

18 *Hefermehl*, in: MünchKomm-InsO, 4. Aufl. 2019, § 55 Rn. 169; *Bäuerle/Miglietti*, in: Braun, InsO, 9. Aufl. 2022, § 55 Rn. 90; *Thole*, in: K. Schmidt, InsO, 20. Aufl. 2023, § 55 Rn. 36.

19 *Hefermehl*, in: MünchKomm-InsO, 4. Aufl. 2019, § 55 Rn. 10ff.; *Sinz*, in: Uhlenbruck, 15. Aufl. 2019, § 55 Rn. 6ff.

den einzelnen genehmigungsbedürftigen Maßnahmen der Insolvenzverwaltung vgl. oben B.III.1.b).

D. Paradigmenwechsel: „Sanierungszweck" des Insolvenzverfahrens als Maßstab für die Tätigkeit von Arbeitnehmerinnen und Arbeitnehmern im Gläubigerausschusses?

I. Rettung des schuldnerischen Unternehmensträgers

1. Insolvenzplan

a) Regelung

Die InsO eröffnet durch ihre Regelungen über den Insolvenzplan (§§ 218ff. InsO[20]) die Möglichkeit, einen schuldnerischen Unternehmensträger selbst zu sanieren. Insolvenzplan und Eigenverwaltung des Schuldners können der Sanierung des schuldnerischen Unternehmensträgers dienen.

Es geht dabei nicht oder nicht allein um die Rettung des Betriebes durch übertragende Sanierung,[21] sondern darum, den Mehrwert zu bewahren, der in der Stellung des schuldnerischen Unternehmensträgers selbst im Rechtsverkehr liegt.

b) Sinnvolle Fallgestaltungen

Ist die Betriebsfortführung nur dem konkreten Unternehmensträger möglich, weil er über Lizenzen oder öffentlich-rechtliche Genehmigungen verfügt, die ein Investor nicht (mehr) erlangen könnte, oder weil der Unternehmensträger (ein Filialist) günstige Mietverträge mit Vermietern geschlossen hat, die gegenüber einem Investor nachverhandeln würden, „lohnt" sich der Erhalt des Unternehmensträgers durch seine Sanierung mittels Insolvenzplans.

c) Gefahrpotenzial: Schaffung von Zombieunternehmen

Es ist aber bereits hier zu erinnern: Zombieunternehmen gefährden die Arbeitsplätze der durch Wettbewerbsverzerrungen betroffenen Branchen.[22]

---

20 *Smid/Rattunde/Martini*, in: Der Insolvenzplan, 4. Aufl. 2015, Rn. 0.1ff.

21 Die aber durch verfahrensregelnde Insolvenzpläne ermöglicht werden kann, vgl. *Smid/Rattunde/Martini*, in: Der Insolvenzplan, 4. Aufl. 2015, Rn. 1.6 ff., Rn. 2.22ff.

22 Vgl. *Weitzmann*, FD-InsR 2019, 415428; ferner *Sämisch*, ZRI 2022, 575, 576f.

2. Eingriff in Rechte der Arbeitnehmerinnen und Arbeitnehmer durch Insolvenzplan

Soll der schuldnerische Unternehmensträger selbst saniert werden, werden nicht selten in dem hierfür vorzulegenden Insolvenzplan Regelungen getroffen, von denen die Arbeitnehmer betroffen sein können, so wenn beispielsweise Regelungen über Blockteilzeitansprüche[23] getroffen werden. Auch wenn vom Planinitiator den Arbeitnehmern im Rahmen der Vorbereitung des Insolvenzplans gegenüber anderen Gläubigern keine Vorteile versprochen werden dürfen (§ 226 InsO)[24], ist die Ausarbeitung eines Insolvenzplans kaum vorstellbar, wenn der Planinitiator nicht dabei mit den Planbetroffenen das Gespräch sucht – und daher mit den Arbeitnehmern auch dann, wenn sie von den Planregelungen nicht betroffen werden, aber ihre Mitwirkung an der Betriebsfortführung wie regelmäßig unentbehrlich ist.

II. Gläubigerautonomie

Die Rettung des schuldnerischen Unternehmensträgers kann dem Arbeitsplatzerhalt und der Sicherung eines Wirtschaftsstandortes dienen. Die Erreichung beider Zwecke steht unter dem Vorbehalt der Haftungsverwirklichung (dem Schutz der Gläubiger).

Allerdings: Nicht der Gläubigerausschuss, sondern die Gläubiger entscheiden im Verfahren der §§ 241ff. InsO[25] über den Erhalt des Unternehmensträgers, da ihre qualifizierten Mehrheiten für die Annahme eines Insolvenzplans entscheidend sind.

---

23 LAG Mainz 20.5.2021 – 2 Sa 170/20, ZIP 2021, 2033.
24 *Rattunde*, in: Rattunde/Smid/Zeuner, InsO, 4. Aufl. 2019, § 226 Rn. 1; *Breuer*, in: MünchKomm-InsO, 4. Aufl. 2020, § 226 Rn. 1ff.; *Ober*, in: Nerlich/Römermann, InsO, 44. EL 2021, § 226 Rn. 1ff.; *Andres*, in: Andres/Leithaus, InsO, 4. Aufl. 2018, § 226 Rn. 1.
25 *Sinz*, in: MünchKomm-InsO, 4. Aufl. 2020, § 248 Rn. 6, 9; vgl. *Lüer/Streit*, in: Uhlenbruck, InsO, 15. Aufl. 2019, § 244 Rn. 1; *Spliedt*, in: K. Schmidt, InsO, 20. Aufl. 2023, § 244 Rn. 2; vgl. auch *Rattunde*, in: Rattunde/Smid/Zeuner, InsO, 4. Aufl. 2019, § 244 Rn. 1.

E. Bestellung von Gläubigerausschüssen in größeren Insolvenzverfahren

I. Insolvenzen von KMU sind kein Feld von Gläubigerausschüssen

Nicht in allen Unternehmensinsolvenzverfahren werden Gläubigerausschüsse bestellt – im Gegenteil. Die Zahlen sprechen für sich. Im Jahr 2019 waren bei insolventen Unternehmen in 10,5 % der Fälle 11 und mehr Arbeitnehmer beschäftigt, in 1,1 % 51 bis 100 Arbeitnehmer und in weniger als 1 % (nämlich 0,8 %) der Fälle mehr als 100 Arbeitnehmer. Die große Zahl von 87,4 % der Fälle von Unternehmensinsolvenzen betraf Kleinunternehmen mit nicht mehr als 10 Arbeitnehmern. In etwa 98 % der Fälle von Unternehmensinsolvenzen mit weniger als 50 Arbeitnehmern wird in aller Regel kein Gläubigerausschuss bestellt; Ausnahmen, in denen es sich etwa um Holdings mit sehr wenigen Arbeitnehmerinnen und Arbeitnehmern oder um das Immobilienentwicklungsunternehmen ohne Arbeitnehmer handelt, seien an dieser Stelle ausgeblendet.

Und ausgeblendet bleiben sollen hier auch die „family and friends"-Gläubigerausschüsse. Solche Gläubigerausschüsse kommen durchaus in Verfahren vor, die die Schwellenwerte des § 22a InsO nicht erreichen und in denen der Schuldner durch die Auswahl der Mitglieder das Verfahren unter seine Kontrolle zu ziehen versucht.[26] In Unternehmensinsolvenzen trifft man durchaus auf vergleichbare Erscheinungen, wenn etwa die Geschäftsführung des schuldnerischen Unternehmens bestimmte Mitarbeiter in den Gläubigerausschuss „delegiert" – worunter nicht nur die fachliche Arbeit des Gremiums leidet, sondern woraus sich für das betreffende Mitglied Haftungsrisiken ergeben.

II. Gläubigerausschüsse als Erscheinungen in „Großverfahren"

Gläubigerausschüsse sind Erscheinungen in Großverfahren – also über das Vermögen von schuldnerischen Unternehmensträgern eröffneten Insolvenzverfahren, in denen, wenn sie operativ tätig sind, regelmäßig mehr als 50 Arbeitnehmer beschäftigt sind.

---

26 *Weitzmann*, in: Pannen-Festschr. 2017, 757, 760f.

III. Der vorläufige Gläubigerausschuss

1. Rechtshistorische Hintergründe

Im Eröffnungsverfahren sind Fakten geschaffen worden, ohne dass die Gläubiger hierauf Einfluss nehmen können. Um diesem Zustand abzuhelfen, ist vor zehn Jahren mit dem ESUG[27] der vorläufige Gläubigerausschuss legalisiert worden. Um eine frühzeitige Gläubigerbeteiligung an der Auswahl des vorläufigen Insolvenzverwalters bzw. des Insolvenzverwalters und die weitgehende Beteiligung an den Entscheidungsabläufen durch die vorläufige Insolvenzverwaltung im Eröffnungsverfahren zu institutionalisieren, sieht § 21 Abs. 2 S. 1 Nr. 1a InsO[28] vor, dass das Insolvenzgericht mit Erlass vorläufiger Anordnungen einen vorläufigen Gläubigerausschuss einsetzen kann.

2. Rechtliche Rahmenbedingungen des vorläufigen Gläubigerausschusses

Und für den vorläufigen Gläubigerausschuss gelten nach § 21 Abs. 2 S. 1 Nr. 1a InsO n.F. die allgemeinen Regeln des § 67 Abs. 2 InsO und die der §§ 69 bis 73 InsO entsprechend.[29]

§ 22a Abs. 1 InsO bestimmt, dass das Insolvenzgericht einen vorläufigen Gläubigerausschuss nach § 21 Abs. 2 S. 1 Nr. 1a InsO einzusetzen *hat*, wenn der Schuldner im vorangegangenen Geschäftsjahr wenigstens zwei der folgenden drei Kriterien erfüllt, nämlich mindestens 4.840.000 Euro Bilanzsumme nach Abzug eines auf der Aktivseite ausgewiesenen Fehlbetrags im Sinne des § 268 Abs. 3 HGB, mindestens 9.680.000 Euro Umsatzerlöse in den zwölf Monaten vor dem Abschlussstichtag erzielt, im Jahresdurchschnitt mindestens 50 Arbeitnehmer beschäftigt hat. Ein Ermessensspielraum des Gerichts besteht dann nicht.

Dagegen steht es nach § 22a Abs. 2 InsO n.F. im Ermessen des Insolvenzgerichts, einen vorläufigen Gläubigerausschuss zu bestellen, wenn die Voraussetzungen des § 22a Abs. 1 InsO n.F. zwar nicht vorliegen, dessen Einsetzung aber vom Schuldner, dem vorläufigen Insolvenzverwalter oder eines Gläubigers beantragt wird, wenn der Antragsteller Personen benennt, die als Mitglieder des vorläufigen Gläubigerausschusses in Betracht kommen und seinem Antrag Einverständniserklärungen der benannten Personen beigefügt hat.

---

27 BGBl. I 2582; BT-Drs. 17/5712, 24.

28 *Haarmeyer/Schildt*, in: MünchKomm-InsO, 4. Aufl. 2019, § 21 Rn. 47a f.; *Mönning*, in: Nerlich/Römermann, InsO, 44. EL 2021, § 21 Rn. 129ff.; *Böhm*, in: Braun, InsO, 9. Aufl. 2022, § 21 Rn. 21ff.

29 *Thiemann*, in: Rattunde/Smid/Zeuner, InsO, 4. Aufl. 2019, § 21 Rn. 54f.; *Laroche*, in: Kayser/Thole, InsO, 10. Aufl. 2020, § 21 Rn. 14; *Böhm*, in: Braun, InsO, 9. Aufl. 2022, § 21 Rn. 24.

In beiden Fällen kann das Insolvenzgerichts den Schuldner oder den vorläufigen Insolvenzverwalter gemäß § 22a Abs. 4 InsO dazu auffordern, Personen zu benennen, die als Mitglieder des vorläufigen Gläubigerausschusses in Betracht kommen.

§ 21 Abs. 2 S. 1 Nr. 1a InsO sieht vor, dass zu Mitgliedern des Gläubigerausschusses auch Personen bestellt werden können, die erst mit Eröffnung des Verfahrens Gläubiger werden.

3. Gläubigerausschüsse in beraterdominierten Verfahren

a) Die Lage ist keinesfalls harmonisch
Diese Lagebeschreibung vermittelt den Eindruck einer wohl abgewogenen Regelung der Teilnahme der Arbeitnehmer eines insolventen Arbeitgebers an der Gläubigerselbstverwaltung. Aber so harmonisch ist die Lage nicht.

Wenn man von der These ausgehen kann, dass Gläubigerausschüsse im Wesentlichen in „Großverfahren" eingesetzt werden, tritt in den Blick, dass diese „Großverfahren" zusehends nach anderen Regeln und unter anderen Bedingungen abgewickelt werden als Regelinsolvenzverfahren. Und diese Abweichungen haben Folgen für die Rolle der Gläubigerausschüsse und die Beteiligung der Arbeitnehmerinnen und Arbeitnehmer an Gläubigerausschüssen.

Zunächst scheint diese These wenig problematisch zu sein. Denn die Mitwirkung der Gläubiger – und damit auch der Arbeitnehmer – in und an Gläubigerausschüssen als Organen der Gläubigerselbstverwaltung scheint in den vergangenen zehn Jahren deutlich gestärkt worden zu sein. Und diese Stärkung der Gläubigerselbstverwaltung und damit der Vertreter der Arbeitnehmerinnen und Arbeitnehmer in ihren Organen geht scheinbar einher mit einer Abkehr vom zerschlagenden Konkurs hin zur Sanierung als Schutz von Arbeitsplätzen und Wirtschaftsstandorten – der Insolvenzplan als Instrument der Sanierung von Unternehmensträgern ist bereits angesprochen worden.

b) Verfahrensdefinierende Vorabsprachen
Die Eigenverwaltung hat jedenfalls zehn Jahre lang große Unternehmensinsolvenzverfahren zur Domäne von Beratern gemacht. Beratergestützte Insolvenzverfahren haben die Tendenz, durch Vorabsprachen das insolvenzrechtliche Haftungsregime jedenfalls im Ansatz zu entkräften.

Die Krise großer Unternehmensträger,

- wenn sie denn nicht außergerichtlich, insolvenzabwendend unter Inanspruchnahme der Instrumente des Restrukturierungsrahmens bewältigt, sondern in einem über das Vermögen des Unternehmensträgers eröffneten Insolvenzverfahren bereinigt werden soll,

– mündet in ein von den Beratern der Interessierten bestimmtes Verfahren.
– Berater bereiten das Verfahren durch die Ausarbeitung von Sanierungskonzepten, regelmäßig Insolvenzplänen, vor und nehmen frühzeitig mit der für das Amt des Insolvenzverwalters oder Sachwalters in Betracht zu ziehenden Person Kontakt auf; und um sicherzustellen, dass diese Person denn auch vom Insolvenzgericht bestellt wird, werden frühzeitig Personen kontaktiert und dann dem Insolvenzgericht vorgeschlagen, die den vorläufigen Gläubigerausschuss bilden.[30]

Es werden dem Insolvenzgericht deren Bereiterklärungen vorgelegt und damit ein Gläubigervorschlag für die Wahl des Insolvenzverwalters vorbereitet.

4. Gläubigerausschüsse in beraterdominierten Insolvenzverfahren

a) Einbeziehung in Vorabsprachen

Gläubigerausschussmitglieder können in Vorabsprachen im Rahmen der Vorbereitung der Einsetzung eines vorläufigen Gläubigerausschusses einbezogen werden. Werden nicht alle Gläubigerausschussmitglieder in Vorabsprachen einbezogen, wird damit die Transparenzfunktion des Insolvenzverfahrens verletzt.

b) Arbeitnehmerinnen und Arbeitnehmer als Gläubigerausschussmitglieder und die argumentative Übermacht von Beratern

Für die Arbeitnehmervertreter in Gläubigerausschüssen folgen daraus besondere Haftungsrisiken. Angesichts einer Phalanx von insolvenz-, gesellschafts- und steuerrechtlich hochspezialisierten Beratern wird es dem einzelnen Gläubigerausschussmitglied schwerfallen, sich Gehör zu verschaffen, wenn die Auseinandersetzung um die Art der Abwicklung des Verfahrens geführt wird.

5. Die Vorentscheidung des vorläufigen Gläubigerausschusses über die Auswahl der Person von Insolvenzverwalterin oder Insolvenzverwalter

a) Regelungsgehalt des § 56a InsO

Die Behauptung, dass Großverfahren anders funktionieren und, sollen sie – was auch immer das bedeuten mag – wirtschaftlich erfolgreich abgewickelt werden, anders funktionieren müssen als die Insolvenzverfahren über das Vermögen von

---

30 Zum Problem *Smid*, ZInsO 2022, 965.

KMU, kommt gerade im Hinblick auf die Aufgaben des vorläufigen Gläubigerausschusses zum Tragen. Denn der vorläufige Gläubigerausschuss hat nach dem erklärten Willen des Gesetzgebers die Aufgabe, die Schlüsselstellung des Insolvenzgerichts bei der Auswahl des Insolvenzverwalters abzulösen.

Nach § 56a Abs. 1 InsO ist dem vorläufigen Gläubigerausschuss vor der Bestellung des Verwalters durch das Insolvenzgericht (§ 56 Abs. 1 InsO) die Gelegenheit zu geben, sich zu den Anforderungen, die an den Verwalter zu stellen sind, und zur Person des Verwalters zu äußern, soweit dies nicht innerhalb von zwei Werktagen offensichtlich zu einer nachteiligen Veränderung der Vermögenslage des Schuldners führt.

b) Bindung des Insolvenzgerichts

Diese Möglichkeit zur Stellungnahme des vorläufigen Gläubigerausschusses führt zu einer Bindung des Insolvenzgerichts:

Nach § 56a Abs. 2 S. 1 InsO darf das Gericht von einem einstimmigen Vorschlag des vorläufigen Gläubigerausschusses zur Person des Verwalters nur abweichen, wenn die vorgeschlagene Person für die Übernahme des Amtes nicht geeignet ist. Satz 2 der Vorschrift bestimmt, dass das Gericht bei der Auswahl des Verwalters die vom vorläufigen Gläubigerausschuss beschlossenen Anforderungen an die Person des Verwalters zugrunde zu legen hat.

Bis hierhin scheint sich in der Tat allein das Bild einer Stärkung des Gläubigereinflusses zu ergeben, der im Interesse der Transparenzfunktion des Insolvenzverfahrens vorbehaltlos zu begrüßen wäre. Die Verhältnisse sind aber komplizierter – und das wirkt sich auf die Arbeit der Mitglieder des Gläubigerausschusses und in ihm des Vertreters der Arbeitnehmer aus. In dem Konflikt vielfältiger Interessen, die in einem solchen beratergestützten Verfahren aufeinandertreffen, ist es mit der Vorbereitung der Entscheidung über die Auswahl des Insolvenzverwalters der vorläufige Gläubigerausschuss, dem zentrale Aufgaben zugewiesen sind.

In den Wein gläubigerautonomer Mitwirkung bei der Verwalterauswahl ist daher Wasser zu gießen – denn Gläubiger sind nicht nur nach ihrer vorkonkurslich begründeten Rechtsstellung ungleich, sondern nicht zuletzt aufgrund von Informationsasymmetrien. Der Verwalter wird nicht aufgrund vorkonkurslicher Absprachen in sein Amt eingeführt.

Wahlkapitulationen sind durch die aus seinem Amt folgende gesetzliche Pflichtenbindung des Verwalters ausgeschlossen.

Da – wie eingangs betont – die Mitglieder des vorläufigen Gläubigerausschusses ebenso wie die des im eröffneten Insolvenzverfahren bestellten Gläubigerausschusses an insolvenzspezifische Pflichten gebunden sind, dürfen sie sich nicht von den vermeintlichen Vorteilen einer Sanierung des schuldnerischen Unternehmensträgers bei der Überwachung der Insolvenzverwaltung blenden lassen; der Arbeitsplatzerhalt oder die Standortsicherung sind keine Ziele, deren Verfolgung eine pflichtgebundene Insolvenzverwaltung bestimmen und bei Überwachung und Hilfestellung der Insolvenzverwaltung durch die Mitglieder des Gläubigerausschusses eine Rolle spielen dürfen.

F. „Ein Ausblick"

I. „Ein Ausblick Mannesmut vor Fürstenthronen" – die offene Äußerung der eigenen Meinung rechtfertigt nicht die Entlassung von Mitgliedern des Gläubigerausschusses

Die Stellung im Gläubigerausschuss wird jedenfalls nicht dadurch in Frage gestellt, dass ein Mitglied eine von der Mehrheit abweichende Meinung vertritt.

II. Rechtsprechung des BGH zu den Gründen einer Entlassung von Gläubigerausschussmitgliedern

Der BGH meint, es stelle keinen wichtigen Grund im Sinne von § 70 InsO dar, der die Entlassung aus dem Amt als Mitglied des Gläubigerausschusses rechtfertige, wenn das Vertrauen zwischen dem Betroffenen, dem Verwalter, anderen Mitgliedern des Gläubigerausschusses und selbst der Mehrheit der Gläubigerversammlung gefehlt habe. Auch dann, wenn Verwalter, Mehrheit von Gläubigerausschuss und Gläubigerversammlung kein Vertrauen mehr in die Bereitschaft der Beteiligten zur konstruktiven Zusammenarbeit gehabt haben und der Verwalter sogar schon in anderer Sache Strafanzeige gegen das Mitglied des Gläubigerausschusses erstattet habe, sei es nicht ausreichend, wenn der Eindruck entstanden sei, das Mitglied des Gläubigerausschusses sei anderweitig motiviert gewesen. Nach § 70 InsO kann das Insolvenzgericht ein Mitglied des Gläubigerausschusses nämlich nur dann entlassen, wenn ein wichtiger Grund hierfür vorliegt, der auf einem pflichtwidrigen Verhalten des Mitglieds beruht. Auch insofern ist die Regelung des § 70 dem § 59 InsO nachgebildet. Der BGH stützt sich insofern auf seine Entscheidung aus dem Dezember 2005.[31] Dort hatte der BGH wegen der Entlassung eines Rechtsanwalts aus seiner Stellung als Insolvenzverwalter darauf erkannt, dass die Tatsachen, die den Entlassungsgrund bildeten, regelmäßig zur vollen Überzeugung des Insolvenzgerichts nachgewiesen sein müssen.

---

31   BGH 8.12.2005 – IX ZB 308/04, DZWIR 2006, 165.

Der Sozialplan in der Insolvenz und wie man zu einer echten Abfindung kommen könnte

Prof. Dr. Wolfgang Däubler, Universität Bremen

A. Einleitung

Wer über die Stellung von Arbeitnehmern in der Insolvenz redet, ist kein Überbringer froher Botschaften. Absicherungen, die im Normalfall gelten, verschwinden von einem Tag auf den anderen – und dies nicht etwa, weil die Gerichte wenig Einfühlungsvermögen in Bezug auf die Stellung abhängig Beschäftigter hätten. Vielmehr sehen sich alle Beteiligten mit einer klaren gesetzlichen Regelung konfrontiert, an der es so gut wie nichts zu deuten gibt. Beim Sozialplan ist dies besonders ausgeprägt, die Distanz zum Normalfall noch stärker als bei anderen Fragen.

Im Folgenden soll zunächst dieser Status quo dargestellt werden. Anschließend soll es darum gehen, wie eine alternative Lösung aussehen könnte, die die schlimmsten Konsequenzen mildern könnte. Dabei geht es nicht um eine kleine Randgruppe; allein von Januar bis September 2022 meldeten 10.643 Unternehmen Insolvenz an.[1]

B. Der Sozialplan in der Insolvenz nach geltendem Recht

I. Der Zwang zur Korrektheit

Plant der Insolvenzverwalter eine Betriebsänderung, insbesondere eine Betriebsschließung, so muss er über Interessenausgleich und Sozialplan verhandeln. Würde er dies nicht tun und einfach „durchregieren", ohne den Betriebsrat zu fragen, wäre nicht anders als im Normalfall ein Nachteilsausgleich nach § 113 BetrVG geschuldet. Da dieser auf einer (Nicht-)Handlung des Insolvenzverwalters beruhen würde, entstünde eine Masseverbindlichkeit, die umgehend

---

1   Mitgeteilt in Schwäbisches Tagblatt v. 13.12.2022 im Teil „Wirtschaft".

zu erfüllen wäre.[2] Die finanziellen Interessen der übrigen Insolvenzgläubiger wären geschmälert, was diese nicht einfach klaglos hinnehmen würden: Der Insolvenzverwalter sähe sich einem Regressanspruch ausgesetzt und hätte evtl. sogar Schwierigkeiten, seine Haftpflichtversicherung zu einer Zahlung zu bewegen. Diese Rahmenbedingung führt dazu, dass Insolvenzverwalter im Allgemeinen die Vorschriften über Interessenausgleich und Sozialplan korrekt einhalten, was ihnen – dies sei vorweggenommen – auch dann nicht schwerfällt, wenn sie sich voll mit den Interessen der anderen Gläubiger identifizieren.

II. Die ausdrücklichen gesetzlichen Schranken

Nach § 123 InsO sind bei der „Ausstattung" des Sozialplans zwei Grenzen zu beachten.

– Der Gesamtbetrag, der für den Ausgleich oder die Milderung der wirtschaftlichen Nachteile, die die Arbeitnehmer erleiden, vorgesehen wird, darf nach Abs. 1 zweieinhalb Monatsgehälter pro betroffenem Arbeitnehmer nicht überschreiten. Dies bedeutet, dass Einzelne mit einem Monatsgehalt zufrieden sein müssen, während andere vier Monatsgehälter erhalten; lediglich der Durchschnitt darf höchstens bei zweieinhalb Monatsgehältern liegen, die nach Maßgabe des § 10 Abs. 3 KSchG zu bestimmen sind.
– Noch bedeutsamer ist die zweite Grenze. § 123 Abs. 2 S. 2 InsO schreibt vor, dass für die Berichtigung der Sozialplanforderungen nicht mehr als ein Drittel der Verteilungsmasse verwendet werden darf. Dabei versteht man unter „Verteilungsmasse" das, was ohne einen Sozialplan für die Verteilung an die einfachen Insolvenzgläubiger zur Verfügung stehen würde. Dabei geht es um den „Rest", der übrig bleibt, wenn die dinglich gesicherten Forderungen und die Masseverbindlichkeiten befriedigt sind: Die Bank muss mit Rücksicht auf eine ins Grundbuch eingetragene Grundschuld ihr Geld bekommen haben, die Verbindlichkeiten, die sich aus Geschäften des Insolvenzverwalters ergeben (und natürlich die Verfahrenskosten und sein Honorar), müssen ebenfalls erfüllt sein.
   Dass § 123 Abs. 2 S. 1 InsO den Verbindlichkeiten aus dem Sozialplan den Charakter einer „Masseverbindlichkeit" zuspricht, grenzt an legislatorische Schönrednerei: Ehrlicherweise müsste man von einer „letztrangigen" Masseverbindlichkeit sprechen, die überdies nach § 123 Abs. 3 S. 2 InsO nicht zur Zwangsvollstreckung in die Masse berechtigt. Der Sache nach geht es um eine einfache Insolvenzforderung, die nur insoweit privilegiert ist, als ein Drittel der Verteilungsmasse für sie ausgegeben werden kann.

---

2   BAG 4.12.2002 – 10 AZR 16/02, DB 2003, 618; BAG 4.6.2003 – 10 AZR 586/02, NZA 2003, 1087; BAG 22.7.2003 – 1 AZR 541/02, NZA 2004, 93; BAG 7.11.2017 – 1 AZR 186/16, NZA 2018, 464.

Werden diese Schranken nicht beachtet, so ist zu differenzieren. Werden – meist unabsichtlich – die durchschnittlichen zweieinhalb Monatsgehälter überschritten, so ist der Sozialplan unwirksam.[3] In der Literatur wird eine Umdeutung nach § 140 BGB in einen Sozialplan bejaht, der die Grenze des § 123 Abs. 1 InsO einhält; andernfalls muss neu verhandelt werden.[4] Wird das Drittel der Verteilungsmasse nach § 123 Abs. 2 InsO überschritten, so sind nach der ausdrücklichen Vorschrift des § 123 Abs. 2 S. 3 InsO die einzelnen Forderungen anteilig zu kürzen.

III.   Weitere faktische Schranken

Auch diese bescheidenen Rechte sind alles andere als sicher. Sie stehen von vornherein auf dem Papier, wenn es gar nicht zu einem Insolvenzverfahren kommt, weil ein solches „mangels Masse" nicht stattfinden kann. Dieser Fall tritt zwar heute sehr viel seltener ein als vor 25 Jahren,[5] aber er ist dennoch nicht zu vernachlässigen.

Kommt es zu einem Insolvenzverfahren, so müssen die Betroffenen mit zwei weiteren Nachteilen rechnen.

Die „Verteilungsmasse" steht keineswegs immer nach wenigen Monaten fest. Denkbar ist, dass es lange Prozesse um die Frage gibt, ob bestimmte wertvolle Gegenstände zur Masse gehören, ob dingliche Belastungen wirksam vereinbart sind oder ob dem insolvent gewordenen Unternehmen noch Ansprüche z. B. gegen eine Konzernmutter zustehen. Erst wenn hier rechtskräftige Entscheidungen vorliegen, lässt sich die Verteilungsmasse bestimmen. Dies kann Jahre dauern. Der sowieso schon sehr bescheidene Sozialplan verliert seine Funktion: Nach der Rechtsprechung will er nämlich keinen Ausgleich für die im Betrieb verbrachten Jahre gewähren; vielmehr hat er „Überbrückungsfunktion",[6] er soll dafür sorgen, dass der Übergang in eine andere Lebenssituation leichter zu bewältigen ist. Erfolgt die Auszahlung nach fünf, sechs oder sieben Jahren, kann von „Überbrückung" keine Rede mehr sein. Es geht dann allenfalls um eine kleine Anerkennung für erbrachte Dienste. Daran ändert auch § 123

---

3   *Fitting*, BetrVG, 31. Aufl. 2022, §§ 112, 112a Rn. 304; DKW-*Däubler*, BetrVG, 18. Aufl. 2022, Anhang zu §§ 111–113, § 123 InsO Rn. 15, jeweils m.w.N.

4   Däubler/Wroblewski-*Däubler*, Das Insolvenzhandbuch für die Praxis, 5. Aufl., Frankfurt/Main 2021, Teil 8 Rn. 67.

5   Im Jahre 1999 wurden 21.542 (von 34.038) Insolvenzanträge mangels Masse abgewiesen, während dies 2021 nur 7.226 (von 120.239) waren – Angaben nach Statistisches Bundesamt, Unternehmen und Arbeitsstätten – Insolvenzverfahren.

6   So seit BAG 26.6.1990 – 1 AZR 263/88, NZA 1991, 111; aus neuerer Zeit BAG 9.12.2014 – 1 AZR 102/13, NZA 2015, 366 Rn. 23.

Abs. 3 S. 1 InsO nichts Wesentliches, wonach der Insolvenzverwalter Abschlagszahlungen leisten „soll", wenn hinreichende Barmittel zur Verfügung stehen. Diese Barmittel dürfen ersichtlich nicht für die Befriedigung von Massegläubigern benötigt werden; auch wird es nur um relativ kleine Beträge gehen, solange um die Zugehörigkeit wichtiger wirtschaftlicher Werte zur Masse noch gerichtliche Verfahren anhängig sind.

Ergibt sich im Laufe des Verfahrens, dass die Insolvenzmasse nicht ausreicht, um neben den Verfahrenskosten auch die fälligen sonstigen Masseverbindlichkeiten zu befriedigen, muss der Insolvenzverwalter nach § 208 Abs. 1 S. 1 InsO dem Insolvenzgericht eine sog. Masseunzulänglichkeit anzeigen. Er darf dann zwar das Verfahren mit gewissen Einschränkungen fortführen, doch können die bisher begründeten Masseverbindlichkeiten nur noch zum Teil befriedigt werden. Ein bereits abgeschlossener Sozialplan wird wertlos, weil es ja keine „Verteilungsmasse" mehr gibt, werden doch schon die bevorrechtigten Massegläubiger nicht mehr voll befriedigt. Genauso verhält es sich, wenn der Insolvenzverwalter nach der Anzeige der Masseunzulänglichkeit einen Sozialplan vereinbart: Auch dieser steht mangels Verteilungsmasse auf dem Papier.[7] Eine Ausnahme gilt nur dann, wenn sich die Einschätzung des Insolvenzverwalters später als zu pessimistisch herausstellt, weil beispielsweise die Gerichte überraschend eine bestellte hohe Grundschuld für unwirksam oder anfechtbar ansehen oder weil das lukrative Patentrecht eben doch der Masse zusteht. Fälle dieser Art fallen zahlenmäßig aber nicht ins Gewicht; treten sie auf, ähneln sie eher einem Lottogewinn.

IV. Bewertung

Der Sozialplan verdient in der Insolvenz seinen Namen nicht. Soweit Betroffene überhaupt etwas erhalten, handelt es sich – verglichen mit dem Normalzustand außerhalb der Insolvenz – um recht kleine Beträge, die zudem oft erst sehr spät ausbezahlt werden können. Die Betroffenen sind faktisch auf das Arbeitslosengeld verwiesen. Der Übergang in eine Transfergesellschaft kann die Situation etwas abfedern, doch ist meist nicht damit zu rechnen, dass eine Aufstockung des dort bezogenen Transferkurzarbeitergeldes durch Leistungen aus der Masse erfolgt.

---

[7]   Zu beiden Fällen BAG 21.1.2010 – 6 AZR 785/08, NZA 2010, 413 ff.; BAG 18.7.2017 – 1 AZR 546/15, NZA 2017, 1618.

C. Reformvorschläge

I. Verbessertes Volumen und verbesserter Rang?

Man könnte daran denken, das Sozialplanvolumen auszudehnen und zugleich bessere Durchsetzungsmöglichkeiten zu schaffen. Arbeitnehmer verlieren typischerweise nicht nur Ansprüche (was durch das Insolvenzgeld partiell ausgeglichen wird), sondern ihre betriebliche Existenz. Dies gilt sogar dann, wenn sie mit Rücksicht auf ihr Alter und ihre Dauer der Betriebszugehörigkeit von einem normalen Personalabbau verschont geblieben wären; auch eine arbeitsvertragliche oder tarifliche Unkündbarkeit steht nach § 113 InsO einer Kündigung nicht entgegen.[8] Von daher ließe sich eine stärkere Berücksichtigung im Verhältnis zu anderen Insolvenzgläubigern durchaus rechtfertigen. Dabei mag man in Erinnerung rufen, dass es nach früherem Recht Stimmen gab, die keine Bedenken dagegen hatten, die ganze Verteilungsmasse für den Sozialplan auszugeben und die übrigen Insolvenzgläubiger leer ausgehen zu lassen.[9] Weiter könnte man daran denken, mit der Qualifizierung als Masseverbindlichkeit ernst zu machen und allen Berechtigten aus dem Sozialplan in gleicher Weise wie anderen Massegläubigern Zugriff auf die Masse notfalls auch im Wege der Zwangsvollstreckung zu ermöglichen.

Mit der Realisierung solcher Vorstellungen wären jedoch gewichtige Nachteile verbunden. Auch unter den sonstigen Insolvenzgläubigern befinden sich Personen, die der völlige Verlust ihrer Forderungen existenziell treffen kann. Man denke nur an Handwerker und andere Zulieferer, die anders als Banken nicht die Verhandlungsmacht haben, um eine dingliche Sicherung zu erreichen. Sie völlig zurückzusetzen, leuchtet nicht ein. Würde man die Sozialplananansprüche zu wirklichen (und nicht nur scheinbaren) Ansprüchen gegen die Masse machen, so würde man das Risiko eingehen, dass es häufig zu „Masseunzulänglichkeiten" käme. Für den Insolvenzverwalter hätte dies die negative Folge, dass er als „riskanter Geschäftspartner" angesehen würde, mit dem man am besten nur noch Bargeschäfte tätigt. Alle Beteiligten würden darunter leiden, dass die Tätigkeit des Insolvenzverwalters auf zusätzliche Hindernisse stoßen und so auch eine vorübergehende Fortführung deutlich erschwert würde. Die Arbeitnehmer um den Preis zu stärken, dass andere noch weiter zurückstecken oder alle Nachteile hinnehmen müssten, kann keine sinnvolle Perspektive sein.

---

8 *Däubler*, in: Däubler/Wroblewski (Hrsg.), Das Insolvenzhandbuch für die Praxis, 5. Aufl. 2021, Teil 3 Rn. 568ff.

9 *Richardi*, Sozialplan und Konkurs, Düsseldorf 1975, S. 87.

II.   Ausgleich eines Sonderopfers?

Das Problem der Umverteilung eines Mangels taucht nicht auf, wenn man eine gesamtwirtschaftliche Perspektive einnimmt.

1.   Insolvenz als notwendiger Bestandteil des Wettbewerbsprinzips

Den Kern unseres Wirtschaftssystems stellt die Marktwirtschaft dar, die selbstredend vielfältigen Einflüssen unterworfen ist. Der auf dem Markt bestehende Wettbewerb soll die einzelnen Wirtschaftssubjekte dazu veranlassen, rationeller zu produzieren und ihre Dienste mit weniger Aufwand anzubieten als andere. Die „Besten" und „Innovativsten" sollen sich durchsetzen; bei *Hayek* ist deshalb nicht zu Unrecht von einem „Entdeckungsverfahren Wettbewerb" die Rede.[10] Die negative Seite ist das Ausscheiden der weniger guten und innovativen Wettbewerber aus dem Markt. Sie müssen ihr Geschäft aufgeben, was manche in weiser Voraussicht freiwillig tun; für andere bleibt nur die Insolvenz.

Soweit das Modell. Innerhalb seiner Kategorien gedacht, ist das wirtschaftliche Aus für die schwächeren Unternehmen keine grobe Ungerechtigkeit, sofern das Insolvenzrecht dafür sorgt, dass jeder nach einiger Zeit eine „zweite Chance" bekommt. Dass die reale Welt sich erheblich von dem Modell entfernen kann, steht auf einem anderen Blatt; man denke nur an den einfachen Fall, dass der größte Abnehmer in Insolvenz gerät und dadurch auch das (gut geführte) Geschäft des Zulieferers wirtschaftlich nicht mehr überleben kann.

2.   Ein Opfer durch Unbeteiligte?

Die Insolvenz trifft neben dem Unternehmer auch die bei ihm Beschäftigten, die eine schlechte Organisation, ungünstige Kredite und mangelnde Innovationen nicht zu vertreten haben. Die Entscheidungen, die zur Insolvenz geführt haben, wurden ohne ihr Zutun getroffen. Auch im Extremfall eines mitbestimmten Unternehmens nach dem MitbestG 1976 sind die Arbeitnehmervertreter im Aufsichtsrat nicht in der Lage, die (guten oder schlechten) Beschlüsse des Vorstands bzw. der Geschäftsleitung maßgebend zu beeinflussen. Dennoch verlieren sie ihre Existenz. Sie werden (ökonomisch) bestraft für Vorgänge, auf die sie nicht einwirken konnten. Es geht um eine Art „Nebenfolge" des Wettbewerbs, um einen „Kollateralschaden", der allerdings ungleich mehr Menschen trifft als nur den „versagenden" Unternehmer. Dabei geht nicht nur der Arbeitsplatz verloren. Auch eine Lebensplanung, die darauf aufbaut, dass

---

10   S. den Beitrag von *Schmidtchen* und *Kirstein*, Wettbewerb als Entdeckungsverfahren, abrufbar unter *https://www.researchgate.net/publication/4742391_Wettbewerb_als_Entdeckungsverfahren* (13.12.2022).

man bei langer Betriebszugehörigkeit und fortgeschrittenem Alter und erst recht bei vertraglichem Ausschluss der ordentlichen Kündigung ziemlich sicher sein kann, ohne Kündigung das Rentenalter zu erreichen, wird über den Haufen geworfen. Selbst wenn nur ein Teil des Betriebes geschlossen wird, wird das in langen Jahren aufgebaute Vertrauen enttäuscht, da § 125 InsO auch die „Schaffung" einer ausgewogenen Personalstruktur ermöglicht, was zu einer Kündigung gerade von Älteren führen wird.

Vom einzelnen Arbeitnehmer wird also ein gravierendes Opfer verlangt, weil nur so der Wettbewerb und damit die bestehende Wirtschaftsordnung funktionieren kann. Die Betroffenen sind gezwungen, ihre Arbeitsplätze zu opfern, um die im allgemeinen Interesse liegende Wirtschaftsstruktur aufrecht zu erhalten. Können sie dafür von der Allgemeinheit einen Ausgleich verlangen?

3. Parallelfälle

Wer sein Eigentum an einem Grundstück verliert, weil es Teil einer neuen Straße wird, erhält eine Enteignungsentschädigung. Entscheidet die Bundesregierung nach § 13 Abs. 1 PatG, dass eine patentierte Erfindung „im Interesse der öffentlichen Wohlfahrt" auch von anderen genutzt werden darf, steht dem Patentinhaber nach § 13 Abs. 3 Satz 1 PatG ein Anspruch auf angemessene Vergütung gegen den Bund zu. Wer durch staatlich empfohlene Impfung einen Gesundheitsschaden erleidet, weil er zu den ganz seltenen Fällen gehört, in denen sich schädliche Nebenwirkungen zeigen, erhält dafür nach dem Infektionsschutzgesetz die erforderliche Heilbehandlung sowie ggf. einen finanziellen Ausgleich bis hin zu einer Rente. Das (relativ) neue SGB XIV – Soziale Entschädigung – vom 12. Dezember 2019,[11] das größtenteils erst am 1.1.2024 in Kraft tritt, sieht für Opfer von Gewalttaten, bei Auswirkungen der beiden Weltkriege, bei Schäden im Zusammenhang mit der Ableistung des Zivildienstes und bei Schutzimpfungen und anderen Maßnahmen der spezifischen Prophylaxe angemessene Ausgleichsleistungen vor.[12] Ganz allgemein gilt der Grundsatz, dass jemand, der im öffentlichen Interesse gesundheitliche Schäden in Kauf nehmen muss, einen sog. Aufopferungsanspruch gegen den Staat nach den gewohnheitsrechtlich weitergeltenden §§ 74, 75 Einl.ALR besitzt.[13]

Ob und inwieweit es über Einzelregelungen wie § 904 und § 906 Abs. 2 Satz 2 BGB hinaus einen entsprechenden zivilrechtlichen Anspruch in den Fällen gibt, in denen eine Person mit Rücksicht auf das Interesse einer anderen Per-

---

11 BGBl I S. 2652.

12 Eingehend zu der Neuregelung *Knickrehm/Mushoff/Schmidt*, Das neue Soziale Entschädigungsrecht – SGB XIV. Einführung mit Synopse, Baden-Baden 2021.

13 S. *H.-J. Bauer*, Nachbarrechtlicher und öffentlich-rechtlicher Opferausgleich, in: Hadding/Herrmann/ Krämer (Hrsg.), Festschrift für Wolfgang Schlick, Köln 2015, S. 101, 106.

son ein subjektives Recht ganz oder teilweise einbüßt, ist umstritten.[14] Zu dieser Frage braucht hier nicht Stellung genommen zu werden, da die durch Insolvenz ihres Arbeitgebers betroffenen Arbeitnehmer ihren Arbeitsplatz und die damit verbundenen Anwartschaften nach dem Gesagten letztlich im öffentlichen Interesse aufopfern.

Gleichwohl hat bisher – soweit ersichtlich – niemand die These vertreten, ihnen müsse ein Entschädigungsanspruch gegen den Staat zustehen. Dies dürfte daran liegen, dass es nach herrschender Auffassung kein subjektives „Recht am Arbeitsplatz" gibt,[15] das einen vergleichbaren Ausschließlichkeitscharakter wie das Eigentum oder wie bestimmte Persönlichkeitsgüter hat. Dies ist aber kein überzeugender Grund, den Betroffenen einen Ausgleichsanspruch zu versagen, da es letztlich auf die Aufopferung eines für den Betroffenen bedeutsamen Vermögenswerts und nicht darauf ankommen kann, ob dieser in Form eines absoluten Rechts verfestigt ist oder ob es sich um ein relatives Recht wie eine Darlehensforderung oder eben die durch einen Arbeitsvertrag vermittelte Rechtsstellung handelt. Zumindest rechtspolitisch sollte eine solche Lösung möglich werden.

4. Umsetzungsprobleme

Die Höhe der Ausgleichsleistung muss sich nach dem „Wert des Arbeitsplatzes" bestimmen. Es liegt nahe, dabei auf die Grundsätze zurückzugreifen, die das BAG für Fälle entwickelt hat, in denen für den Verlust des Arbeitsplatzes Schadensersatz zu leisten ist. Im Rahmen des § 628 Abs. 2 BGB hat es dabei auf die §§ 9, 10 KSchG zurückgegriffen.[16] Das bedeutet, dass ein Betrag von bis zu zwölf Monatsverdiensten verlangt werden kann, der sich bei Älteren mit langer Betriebszugehörigkeit bis auf 18 Monatsverdienste erhöht.

Die rechtstechnische Ausgestaltung könnte in unterschiedlicher Weise erfolgen. Möglich wäre zum einen, dasselbe Verfahren wie beim Insolvenzgeld zu praktizieren, was vermutlich die geringsten administrativen Schwierigkeiten bereiten würde. Zum zweiten käme eine „Versicherungslösung" in Betracht, wie sie das BetrAVG in Form des Pensionssicherungsvereins vorsieht. Da er gerade auch im Insolvenzfall nach § 7 BetrAVG zur aktuellen und künftigen Zahlung von Betriebsrenten verpflichtet ist, könnte man daran denken, ihn auch mit der Aufgabe zu betrauen, die Abfindungsleistungen nach §§ 9, 10 KSchG

---

14   Dazu insbesondere *Konzen*, Aufopferung im Zivilrecht, Berlin 1969 (für Analogie zu Einzelvorschriften); *Maultzsch*, Zivilrechtliche Aufopferungsansprüche und faktische Duldungszwänge, Berlin 2006.

15   Grüneberg-*Sprau*, BGB, 82. Aufl. 2023, § 823 Rn.20 m. w. N.

16   BAG 26.7.2001 – 8 AZR 739/00, NZA 2002, 325, 330; BAG 8.8.2002 – 8 AZR 574/01, NZA 2002, 1323; zustimmend BGH 24.5.2007 – III ZR 176/06, NJW 2007, 2043 für das Handelsvertreterverhältnis.

zu erbringen. Die Finanzierung müsste durch eine Umlage bei allen Arbeitgebern erfolgen.

Es wäre erfreulich, wenn diese Überlegungen Anlass zu weiterführenden Diskussionen geben würden.

Die sozialrechtliche Absicherung von Insolvenzrisiken

Systematik, Regelungsumfang und Gestaltungsmöglichkeiten

Prof. Dr. Andreas Engelmann, University of Labour, Frankfurt am Main

A. Einleitung: Warum Insolvenzsicherung?

Was hat das Insolvenzrecht mit dem Sozialrecht zu tun und warum finden sich sozialrechtliche Sicherungsmechanismen im privatrechtlichen Insolvenzverfahren? Eine Antwort auf die Frage kann uns helfen, die Systematik, aber auch Regelungslücken und geeignete Regelungsmethoden zu verstehen. Der Grund für die (sozialrechtliche) Sicherung vor Insolvenzrisiken lässt sich wie folgt beschreiben: Durch eine Insolvenz des Arbeitgebers werden Ansprüche von Arbeitnehmer*innen gefährdet, die darauf beruhen, dass die Arbeitnehmer*innen mit ihrer Arbeitsleistung oder mit Aufwendungen *in Vorleistung* getreten sind. Da die Arbeitnehmer*innen mit ihrer Arbeitsleistung in Vorleistung treten, ist das Risiko, durch die Insolvenz in die Gefahr eines Leistungsausfalls zu geraten, nicht individuell, sondern eine typische Folge des Arbeitsverhältnisses. Das betrifft nicht nur Lohnforderungen für die Dauer eines Monats, also die typische Vorleistungsphase beim Verkauf von Arbeitskraft, sondern auch Vorleistungen, die über einen längeren Zeitraum „angespart" werden, wie die Ansprüche bei Altersteilzeit im Blockmodell, angesparte Wertguthaben, die betriebliche Altersversorgung, Aufzahlungen des Arbeitgebers sowie Sonderzahlungen. All diese Ansprüche beruhen auf Vorleistungen der Arbeitnehmer*innen. Ist die Arbeitsleistung, die dem jeweiligen Anspruch korrespondiert, vor der Eröffnung des Insolvenzverfahrens erbracht worden, entstehen – unabhängig von der Fälligkeit – für die Arbeitnehmer*innen nur Insolvenzforderungen, die regelmäßig nur zu einem Bruchteil erfüllt werden. Das ist eine Folge insolvenzrechtlicher Regelungen. Im Arbeitsverhältnis gilt § 108 Abs. 3 S. 1 InsO, der festlegt: *„Ansprüche für die Zeit vor der Eröffnung des Insolvenzverfahrens kann der andere Teil nur als Insolvenzgläubiger geltend machen."* Es entstehen den Arbeitnehmer*innen deshalb insofern nur Insolvenzforderungen, die zur Tabelle angemeldet werden können. Die Befriedigungsquote ist regelmäßig niedrig und hat zur Folge, dass die Arbeitnehmer*innen mit einem bedeutenden Teil ihrer Forderungen ausfallen. Die Abwertung von Arbeitnehmerforderungen im Zuge der Einführung der Insolvenzordnung von Masseforderungen bzw. bevorrechtigten Insolvenzforderungen zu einfachen Insolvenzforderungen hat einen über die Insolvenzordnung hinausgehenden Insolvenzschutz der Arbeitnehmerforderungen notwendig gemacht. Die infragestehenden Ansprüche der Arbeitnehmer*innen dienen typischerweise der Sicherung des Lebensunterhalts und sind deshalb für die Betroffenen existenziell. Das ist der Grund warum die Ansprüche der Arbeitnehmer*innen (zumindest teilweise) der Insolvenzsicherung unterliegen, wobei *Rechtsgrundlage* und *Ausgestaltung* der Sicherung nicht einheitlich gestaltet sind.

B. Das System der sozialrechtlichen Insolvenzsicherung

Die Notwendigkeit einer Insolvenzsicherung von Arbeitnehmeransprüchen steht rechtlich nicht in Frage. Unionsrechtlich sind die Mitgliedstaaten durch die Richtlinie 2008/94/EG des Europäischen Parlaments und des Rates vom 22.10.2008 über den Schutz der Arbeitnehmer bei Zahlungsunfähigkeit des Arbeitgebers (RL 2008/94/EG) verpflichtet, Garantieeinrichtungen aufzulegen, die „nicht erfüllte Ansprüche der Arbeitnehmer aus Arbeitsverträgen und Arbeitsverhältnissen" gegen die Insolvenz des Arbeitgebers sichern (Art. 3 Abs. 1). *Wie* die Mitgliedstaaten diesen Schutz ausgestalten (privat- oder sozialrechtlich), ist den Mitgliedstaaten überlassen. Die Mitgliedstaaten können die Garantieleistung nach Art. 4 Abs. 1 zeitlich begrenzen, müssen dabei jedoch mindestens die letzten drei Monate des Arbeitsverhältnisses abdecken (Art. 4 Abs. 2). Auch eine Deckelung der Leistung der Höhe nach – wie in Deutschland durch die Beitragsbemessungsgrenze und die Begrenzung auf das Nettoentgelt – ist zulässig, solange sie nicht dem Zweck der sozialen Sicherung der Arbeitnehmer zuwiderläuft. Den Zweck der – und damit auch die Mindestanforderung an die – Insolvenzsicherung sieht der Europäische Gerichtshof (EuGH) darin, „den notwendigen Lebensunterhalt des Arbeitnehmers zu sichern".[1]

I. Sozialrechtliche Sicherung

Um diesem Ziel gerecht zu werden, können rechtlich unterschiedlich gestaltete Garantieleistungen aufgelegt werden. Als sozialrechtlich lassen sich Sicherungsmechanismen einordnen, sofern sie im Sozialgesetzbuch (SGB) geregelt sind, die Rechtsgrundlage für die Insolvenzsicherung also *formell* im Sozialrecht liegt. Das bedeutet etwa, dass die Insolvenzsicherung der betrieblichen Altersversorgung, die im BetrAVG geregelt ist, nicht zu den sozialrechtlichen Sicherungsmodellen gerechnet werden kann. Dieses Modell sieht vor, dass An-

---

1   EuGH 4.3.2004 – C-19/01 u.a. – Castellani.

sprüche der Arbeitnehmer, sofern sie im Falle der Arbeitgeberinsolvenz gefährdet sind, über eine externe Einrichtung, den Pensionssicherungsverein auf Gegenseitigkeit (PSV), geschützt werden müssen. Dafür werden Beiträge derjenigen Arbeitgeber fällig, die eine betriebliche Altersversorgung auflegen. Die Ansprüche der Arbeitnehmer sind auch dann abgesichert, wenn der Arbeitgeber seiner Beitragspflicht nicht ordnungsgemäß nachgekommen ist.[2] Der PSV ist, weil er eine staatliche Aufgabe übernimmt, an die Regelungen der EU-Richtlinie zum Schutz von Arbeitnehmerforderungen unmittelbar gebunden.[3] Der Sache nach ist das Sicherungsmodell der betrieblichen Altersversorgung eine privatrechtliche Kreditsicherung und insofern der Sicherung von Wertguthaben verwandt, obwohl eine dem PSV vergleichbare Einrichtung bei Wertguthaben oder Altersteilzeit im Blockmodell nicht besteht. Und ein weiterer Unterschied besteht: Die Sicherung von Wertguthaben (§ 7d SGB IV) und speziell von Altersteilzeit (§ 8a Abs. 1 ATG) erfolgt im *formellen* Sozialrecht (das Altersteilzeitgesetz ist über § 68 Nr. 16 SGB I Teil des Sozialgesetzbuchs). Der Sicherungsmechanismus ist gleichwohl eine *privatrechtliche Kreditsicherung*. Die Sicherung erfolgt nicht über eine Entgeltersatzleistung, sondern die erworbenen Guthaben sollen dem Vermögen des Arbeitgebers so weit entzogen sein, dass sie im Fall der Insolvenz unberührt bleiben.

Für Arbeitsentgelt, Aufwendungsersatz und Sonderzahlungen ist ein anderes Modell gewählt worden. Für sie enthält das SGB III mit dem Insolvenzgeld eine Entgeltersatzleistung der Agentur für Arbeit, die aus einer Umlage finanziert wird, in die nur die Arbeitgeber einzahlen (§ 358 Abs. 1 SGB III).

Das Nebeneinander von Modellen der Insolvenzsicherung bei betrieblicher Altersversorgung, Altersteilzeit, Wertguthaben und Insolvenzgeld zeigt, dass die Insolvenzsicherung auf unterschiedliche Weise sichergestellt werden kann. Gerade das Umlageverfahren gewährt eine hohe Rechts- und Insolvenzsicherheit und erscheint deshalb als eine grundsätzlich vorzugswürdige Gestaltung der Insolvenzsicherung, über deren Ausweitung deshalb, soweit systematisch stimmig, nachzudenken ist. Jedoch – und das ist mit systematischer Stimmigkeit gemeint – sollte der Zusammenhang zwischen Risiko und Finanzierung nicht aufgelöst werden.

---

2   BAG 22.9.1987 – 3 AZR 662/85.
3   *Jessolat*, AuR 2022, 355, 358; EuGH 9.9.2020, C-674/18 und C-675/18, NZA 2020, 1531ff.

II. Insolvenzgeld – Modell für eine sozialrechtliche Insolvenzsicherung?

1. Sicherung von Entgeltansprüchen über das Insolvenzgeld

Bei der *sozialrechtlichen* Absicherung von Insolvenzrisiken stehen die §§ 165ff. des SGB III im Zentrum. Sie regeln die Voraussetzungen und den Umfang des *Insolvenzgeldes*, einer Entgeltersatzleistung für ausgefallene Entgeltforderungen vor Eintritt der Insolvenz. Insolvenzgeld wird in der Höhe des Nettoarbeitsentgelts gezahlt, das sich ergibt, wenn man das auf die monatliche Beitragsbemessungsgrenze begrenzte Bruttoentgelt um die gesetzlichen Abzüge mindert (§ 167 Abs. 1 SGB III). Der Insolvenzgeldzeitraum, der auch für die Zuordnung von anteiligen Sonderzahlungen ausschlaggebend ist, beträgt nach deutschem Recht drei Monate vor dem Insolvenzereignis. Das heißt: Ausgeglichen werden infolge von Zahlungsunfähigkeit oder Überschuldung nicht beglichene Entgeltforderungen für die drei Monate vor dem Insolvenzereignis, sowie offene Ansprüche, die sich diesem Zeitraum zuordnen lassen, Jahressonderzahlungen mit Entgeltfunktion also in der Höhe von 3/12 der Jahresleistung.

Typischerweise wird die Dauer von drei Monaten damit erklärt, dass zwischen Stellung des Insolvenzantrags und Insolvenzereignis regelmäßig drei Monate liegen. Allerdings entsprechen die drei Monate auch dem unionsrechtlichen *Mindestschutz* (Art. 4 Abs. 2). Als Insolvenzereignis zählen *die Eröffnung des Insolvenzverfahrens*, die *Ablehnung der Eröffnung mangels Masse* oder *die endgültige Einstellung der Tätigkeit im Inland bei Mittellosigkeit*. Das jeweils erste Insolvenzereignis entfaltet eine *Sperrwirkung* für folgende Insolvenzereignisse und löst arbeitnehmerseitig Antragsfristen aus (§ 323 Abs. 1 S. 1 SGB III). Die Sperrwirkung bleibt nach vorherrschender Auffassung bestehen, solange die Zahlungsunfähigkeit, auf der das Insolvenzereignis beruht, andauert.

2. Vorfinanzierung des Insolvenzgeldes

Entscheidende Bedeutung hat das Insolvenzgeld bei der Sicherung von Ansprüchen für die vorleistungspflichtigen und lohnabhängigen Arbeitnehmer. Dabei stellt sich das Problem, das das Insolvenzgeld erst mit der Eröffnung des Insolvenzverfahrens ausgezahlt wird, weil der Insolvenzgeldzeitraum erst in diesem Moment endgültig feststeht: Er umfasst nach § 165 Abs. 1 S. 1 SGB III die dem Insolvenzereignis vorausgegangenen drei Monate des Arbeitsverhältnisses. Das heißt aber auch: Die Arbeitnehmer erhalten (erstmal) kein Insolvenzgeld. Die Gleichwohlgewährung eines etwaigen Anspruchs auf Arbeitslosengeld I zur Sicherung des Lebensunterhalts ist nach § 157 Abs. 3 S. 1 SGB III zwar möglich, ersetzt jedoch nur einen Teil des ausgefallenen Arbeitsentgelts (60/67 %) und wird dem Leistungsberechtigten von seinem Stammrecht abgezogen – fällt er nach der Insolvenz in Arbeitslosigkeit, verliert er die entsprechenden Monate von seiner individuellen Bezugsdauer.[4]

Ein „Vorschuss" auf das Insolvenzgeld im Sinne des § 168 SGB III ist nur im beendeten Arbeitsverhältnis möglich. Bliebe es dabei, würde das bedeuten, dass die Arbeitnehmer aus Gründen der Sicherung ihres Lebensunterhalts ihre Tätigkeit bei dem zahlungsunfähigen Arbeitgeber einstellen müssten, um die Sicherung ihres Lebensunterhalts anderweitig sicherzustellen. Um diese Lücke zu schließen und die Arbeitnehmer dazu zu bringen, ihre Arbeitskraft weiterhin massesteigernd zur Verfügung zu stellen, hat sich die Vorfinanzierung des Insolvenzgeldes eingebürgert. Die Vorfinanzierung des Insolvenzgeldes wird über eine externe Bank abgewickelt, der zur Sicherung der Vorfinanzierung die Ansprüche der Arbeitnehmer auf das Insolvenzgeld in Höhe der Vorfinanzierung übertragen werden, indem die Entgeltansprüche verkauft und übertragen werden.[5] Über die „Vorfinanzierung des Insolvenzgeldes" ist das Insolvenzgeld zugleich zu einer beliebten Quelle neuer Liquidität und einer Möglichkeit der Ausweitung der Insolvenzmasse geworden. Dieser Aspekt ist freilich nicht sozialrechtlich, spielt aber bei Diskussionen über das Insolvenzgeld eine entscheidende Rolle, weil in der Vorfinanzierung eine (europarechtskonforme[6], dazu später) Subventionierung zahlungsunfähiger Unternehmen liegt, die die Frage aufwirft, ob und in welchem Umfang anderen Unternehmen eine Unterstützung der Gläubiger und eine Verbesserung der Fortführungsmöglichkeiten des krisenbetroffenen Unternehmens über die arbeitgeberfinanzierte Umlage zugemutet werden kann.

C. Regelungsumfang und Sicherungslücken

Im Rahmen der bestehenden Garantiesysteme werden typische Insolvenzrisiken erfasst. Jedoch ist der Regelungsumfang begrenzt und erfasst andere, ebenso typische Ausfallrisiken nicht oder jedenfalls nicht ausreichend. Im Folgenden werden zunächst zentrale Sicherungslücken herausgearbeitet, bevor es dann um Regelungsmöglichkeiten für die identifizierten Lücken gehen wird.

---

4   LSG Nordrhein-Westfalen 19.9.2011 – L 16 AL 142/11.
5   *Sperber* in: Däubler/Wroblewski (Hrsg.), Das Insolvenzhandbuch für die Praxis, 5. Aufl. 2021, S. 157.
6   BSG 29.5.2008 – B 11a AL 61/06 R; BVerfG 2.2.2009 – 1 BvR 2553/08; Stellungnahme der Europäischen Kommission vom 19.11.2009 – K(2009)8707.

I. Wiederaufleben des Insolvenzereignisses oder Zweitinsolvenz?

Eine in der Literatur[7] diskutierte Lücke bei der Insolvenzsicherung ergibt sich aus der restriktiven Rechtsprechung des Bundessozialgerichts (BSG) zur Frage der „Wiedererlangung der Zahlungsfähigkeit". Denn solange das „frühere" oder „erste" Insolvenzereignis nicht behoben ist, sperrt es nach der Rechtsprechung des BSG jedes weitere Insolvenzereignis, so dass auch kein neuer Insolvenzgeldzeitraum entsteht. Obwohl das in gewissem Umfang einleuchtet, stellt sich die Frage, *wann* denn die Zahlungsfähigkeit als *wiedererlangt* gelten soll. Das soll nach der Rechtsprechung des BSG jedenfalls nicht bereits dann der Fall sein, wenn „der Schuldner Forderungen seiner Arbeitnehmer befriedigt". Vielmehr soll die Zahlungsfähigkeit erst dann „wiedererlangt" sein, wenn der Arbeitgeber in der Lage ist, fällige Geldschulden „im Allgemeinen" zu erfüllen.[8] Ob ein Arbeitgeber offene Forderungen „im Allgemeinen" erfüllt, ist für die betroffenen Arbeitnehmer allerdings ebenso wenig zu erkennen wie für andere Gläubiger.

Das BSG geht sogar davon aus, dass auch beim Scheitern eines Insolvenzplans grundsätzlich kein *neues* Insolvenzereignis eintritt.[9] Arbeiten die Arbeitnehmer in Folge eines Insolvenzplanverfahrens ggf. eine lange Zeit, bleiben sie mit ihrer Vorleistung dauerhaft ungeschützt. Dem soll nach Auffassung des BSG auch die formale Aufhebung des Insolvenzverfahrens durch das Insolvenzgericht und die Anordnung der Planüberwachung nicht entgegenstehen. Dahinter steht das bereits zitierte Argument, dass bei einem erfolglosen Insolvenzplanverfahren nicht eine erneute Sanierung über die Umlage finanziert werden soll.[10] Das BSG setzt damit einen eigenen Begriff der Zahlungsunfähigkeit neben eine betriebswirtschaftliche und insolvenzrechtliche Definition, dessen Zweck darin besteht, eine weitere Zahlung des Insolvenzgeldes zu verhindern, wobei Stein des Anstoßes nicht die Ersatzleistung für Arbeitnehmer, sondern die indirekte Sanierungswirkung für das krisenbetroffene Unternehmen ist. Arbeitnehmer, die im Rahmen einer Sanierungslösung weiterarbeiten, sind in dieser Phase mit ihrer Arbeitsleistung ungeschützt – und das, obwohl die Überwachung eines Insolvenzplans mehrere Jahre andauern kann und die wirtschaftliche Situation für die Arbeitnehmer nicht erkennbar ist.[11]

---

7   *Marquardt*, BB 2022, 436.
8   St. Rspr. BSG 21.11.2002 – B 11 AL 35/02 R.
9   BSG 9.6.2017 – B 11 AL 14/16 R; BSG 17.3.2015 – B 11 AL 9/14 R.
10 BSG 6.12.2012 – B 11 AL 11/11 R.
11 *Marquardt*, NZI 2021, 915, 916.

II. Wertguthaben, Altersteilzeit und ungesicherte Arbeitszeitkonten

1. Wertguthaben und Altersteilzeit

Eine noch zu schwach ausgestaltete Sicherung besteht für Wertguthaben, Rückstellungen bei Altersteilzeit und insbesondere Arbeitszeitkonten, die nicht als Wertguthaben im Sinne des § 7b SGB IV einzuordnen sind. Wertguthaben im Sinne des § 7b SGB IV sowie Rückstellungen bei Altersteilzeit im Blockmodell unterliegen nach § 7e SGB IV bzw. § 8a ATG ab einer bestimmten Bezugsgröße der Insolvenzsicherung. Dabei handelt es sich formell um eine im Sozialrecht begründete Insolvenzsicherungspflicht. Der Sache nach sind die zu sichernden Vermögensbestandteile so weit dem Schuldnervermögen zu entziehen, dass sie im Fall einer Insolvenz unberührt bleiben. Dafür existieren unterschiedliche Sicherungsmittel, bei denen es sich um eine privatrechtliche Kreditsicherung handelt.[12] Eine Sicherungslücke tritt auf, wenn die notwendige Insolvenzsicherung vom Arbeitgeber nicht oder nicht ausreichend vorgenommen wird. Die vorhandenen Sanktionsmöglichkeiten bleiben in ihrer Wirkung begrenzt. Über die zur Insolvenzsicherung getroffenen Maßnahmen muss der Arbeitgeber die betroffenen Arbeitnehmer informieren. Diese Pflicht ist seit dem 1.1.2009 durch die Sanktionsmöglichkeiten des § 7e SGB IV insofern geschärft worden, als bei Wertguthaben neben der Haftung des insolventen Unternehmens auch eine persönliche Haftung der Organe der Gesellschaft möglich ist.[13] Diese Sanktionsmöglichkeiten sind jedoch lückenhaft. Für die Altersteilzeit gilt die Organhaftung wegen des Negativverweises in § 8a ATG nicht.[14] In diesem Fall bleiben nur Schadensersatzansprüche gegen das insolvente Unternehmen, die als Insolvenzforderungen in aller Regel wirtschaftlich von eingeschränktem Wert sind. Bei der Organhaftung stellt das haftungsrechtliche Erfordernis des Vertretenmüssens der Pflichtverletzung ein Durchsetzungshindernis dar. Bei der Altersteilzeit sind sogar nur deliktische Ansprüche gegen die Organe denkbar. Das bedeutet, dass gerade dort, wo eine Insolvenzsicherung nicht rechtzeitig stattgefunden hat, auch die Ersatzansprüche nicht zuverlässig durchgesetzt werden können.

2. Arbeitszeitkonten

Das ist aber erst die Spitze des Eisbergs, denn viele Arbeitszeitkonten unterfallen nicht der Definition eines Wertguthabens im Sinne des § 7b SGB IV und sind deswegen nicht eigens insolvenzgeschützt. Eine exakte Abgrenzung zwi-

---

12 *Wroblewski* in: Däubler/Wroblewski (Hrsg.), Das Insolvenzhandbuch für die Praxis, 5. Aufl. 2021, S. 78.

13 Eingeführt durch Artikel 1 Gesetz zur Verbesserung der Rahmenbedingungen für die Absicherung flexibler Arbeitszeitregelungen und zur Änderung anderer Gesetze vom 21.12.2008, BGBl. I S. 2940.

14 BAG 23.2.2019 – 9 AZR 293/15, Rn. 30ff.

schen geschützten Wertguthaben und ungesicherten Arbeitszeitkonten wird im Einzelfall erst die Rechtsprechung erreichen können. Wertguthaben zielen aber definitionsgemäß auf eine spätere vollständige oder teilweise Freistellung von der Arbeitsleistung bei Fortzahlung des Entgelts aus dem Guthaben.[15] Das wird sich für eine Vielzahl von Arbeitszeitkonten nicht sagen lassen. Für diese Konten besteht de lege lata keine Pflicht zur gesonderten Insolvenzsicherung. Die eingespeisten Beiträge – erbrachte Arbeitsstunden der Arbeitnehmer, bei denen es sich um Vorleistungen handelt – werden im Insolvenzfall nur als Insolvenzforderungen befriedigt und unterfallen nur insofern einer Sicherung durch das Insolvenzgeld, als sie erstens im Insolvenzgeldzeitraum erarbeitet oder in Anspruch genommen wurden und zweitens die Beitragsbemessungsgrenze im Bezugsmonat nicht überschritten wird. Daraus ergibt sich eine nur bruchstückhafte Insolvenzsicherung und ein beträchtliches Risiko der Arbeitnehmer mit Arbeitszeitkonten.

3. Aufstockungsbeträge der Arbeitgeber

Einer Pflicht zum Insolvenzschutz nach § 8a ATG unterliegen die eingebrachten Arbeitsstunden bei der Altersteilzeit im Blockmodell. Bekanntlich existieren bei der Altersteilzeit zwei Modelle: Entweder arbeitet der Arbeitnehmer für die gesamte Zeit der Altersteilzeit eine auf 50 % der vorherigen Regelarbeitszeit reduzierte Arbeitszeit. Oder die Ausgestaltung erfolgt so, dass der Arbeitnehmer in Höhe der vertraglich vereinbarten Arbeitszeit weiterarbeitet und nach der Hälfte der Zeit in die Ruhephase übergeht (Blockmodell). In beiden Modellen erhält er während der gesamten Altersteilzeit ein Arbeitsentgelt in Höhe von 50 % (als Gegenleistung für seine Arbeit). Dieser Betrag wird nach § 3 Abs. 1 ATG um mindestens 20 % aufgestockt.[16] Weil der Aufstockungsbetrag nach Rechtsprechung des Bundesarbeitsgerichts nicht als Gegenleistung für die erbrachte Arbeitsleistung gilt,[17] unterliegt er nicht der Insolvenzsicherungspflicht des § 8a ATG.[18]

4. Sicherung über das Insolvenzgeld?

Soweit sich Wertguthaben, Guthaben in Arbeitszeitkonten oder bei der Altersteilzeit dem Insolvenzgeldzeitraum von drei Monaten zuordnen lassen, sind sie insolvenzgeldfähig. Insofern besteht auch unabhängig von anderen Sicherungsmechanismen ein Schutz für das, was in den letzten drei Monaten vor dem Insolvenzereignis erarbeitet wurde. Dieser Schutz greift jedoch nicht weit

---

15 *Wroblewski* in: Däubler/Wroblewski (Hrsg.), Das Insolvenzhandbuch für die Praxis, 5. Aufl. 2021, S. 73.

16 Die Gesetzesformulierung ist eher verwirrend: BeckOK ArbR/*Rittweger*, 66. Ed. 1.12.2022, ATG § 3 Rn. 1.

17 BAG 20.8.2002 – 9 AZR 710/00.

18 LAG Baden-Württemberg 6.3.2014 – 3 Sa 47/13.

genug. Nach Rechtsprechung des BSG ist auch in der Arbeitsphase der Altersteilzeit nur das reduzierte Arbeitsentgelt insolvenzgeldfähig, denn geschützt sei nur das regelmäßige, verstetigte Einkommen.[19] Nicht erfasst ist all das, was außerhalb des Insolvenzgeldzeitraums erworben wurde, sowie all das, was sich, wie die Aufstockungsbeträge der Arbeitgeber bei der Altersteilzeit in der Freistellungphase, nicht als Gegenleistung zur erbrachten Arbeitsleistung einordnen lässt.

III.   Bezugsdauer und Höhe des Insolvenzgeldes

Aus dem gerade Gesagten ergibt sich bereits eine schwerwiegende Lücke des Insolvenzgeldes, nämlich die gesetzliche Begrenzung des Insolvenzgeldes auf drei Monate. Ausgefallene Leistungen müssen keineswegs im Insolvenzgeldzeitraum ausgefallen sein. Wertguthaben oder Altersteilzeitguthaben sowie Gutschriften im Arbeitszeitkonto gehen regelmäßig auf länger zurückliegende Vorleistungen der Arbeitnehmer zurück.

Diese Lücke wird durch die Rechtsprechung des Bundessozialgerichts zur Zuordnung einer Leistung zum Insolvenzgeldzeitraum noch vergrößert. Denn entscheidend soll sein, wann die Leistung „entstanden" ist. Sonderzahlungen sind je nach Typus unterschiedlich geschützt, je nachdem ob ihnen eine *Entgeltfunktion* zukommt oder sie *Bindungswirkung* haben sollen. Leistungen mit Bindungswirkung unterfallen dem Insolvenzgeld in voller Höhe, wenn der Entstehungstermin für die Leistung in den Insolvenzgeldzeitraum fällt, andernfalls gar nicht.[20] Erstere sind auch dann insolvenzgeldfähig, wenn der vereinbarte Auszahlungszeitpunkt außerhalb des Insolvenzgeldzeitraums liegt, jedoch nur soweit sie innerhalb des Insolvenzgeldzeitraums erwirkt worden sind (also anteilig 3/12 der Jahreszahlung). Weder überzeugt die unterschiedliche Behandlung von Jahressonderleistungen, noch leuchtet es ein, warum im Fall von Sonderzahlungen mit Bindungswirkung der im Grunde zufällige Entstehungstermin darüber entscheiden soll, ob die Leistung vom Insolvenzgeld erfasst ist oder nicht. Werden größere Jahressonderzahlungen im Insolvenzgeldzeitraum erworben, kann eine weitere Lücke durch die Deckelung durch die Beitragsbemessungsgrenze entstehen. Weil diese Grenze für jeden Monat getrennt angelegt wird,[21] können bereits mittlere Gehälter addiert mit einer Jahressonderzahlung über der Beitragsbemessungsgrenze liegen. Der darüber liegende Betrag ist dann nicht geschützt.

---

19   BSG 12.12.2017 – B 11 AL 28/16, Rn. 16 ff.
20   Däubler/Wroblewski (Hrsg.), Das Insolvenzhandbuch für die Praxis, 5. Aufl. 2021, Teil 3, Rn. 100 ff., 103 f.
21   BSG 11.3.2014 – B 11 AL 21/12 R, Rn. 20.

IV.   Nicht gesicherte Beiträge der Arbeitnehmer

Nicht geschützt sind Forderungen der Arbeitnehmer aus gescheiterten Sanierungsbeiträgen, sofern sie sich nicht auf den Insolvenzgeldzeitraum beziehen.
Haben die Arbeitnehmer vorinsolvenzlich auf Lohnbestandteile verzichtet,
um den Bestand des Unternehmens zu sichern, kann je nach Gestaltung (auflö-
sende Bedingung) ein Insolvenzgeldanspruch zwar in Höhe des ursprünglich
höheren Nettoentgelts bestehen.[22] Er ist jedoch auf den Insolvenzgeldzeitraum
begrenzt, auch wenn der Zeitraum der Sanierungsbeiträge viel weiter zurück-
reicht. Nicht geschützt sind die nachinsolvenzlichen Entgeltforderungen der
Arbeitnehmer bei Masseunzulänglichkeit, ferner die Abgeltung offener Ur-
laubstage, Abfindungen, Nebenforderungen und Rechtsverfolgungskosten.

D.   Regelungsmöglichkeiten

Die zuvor darstellten Regelungslücken sind nur teilweise im geltenden Recht
zu schließen. Soweit das möglich ist, wäre es, wie im Folgenden gezeigt wird,
auch dogmatisch überzeugend. Wo diese Möglichkeit nicht besteht, sollen
Hinweise gegeben werden, wie eine Regelung aussehen könnte, die dem
Zweck des Insolvenzschutzes besser gerecht wird – und die zugleich Rücksicht
auf die Verteilung von Risiken und Beitragspflichten nimmt.

I.   Zweitinsolvenz, Wiederaufleben der Zahlungsunfähigkeit

Hinsichtlich der „Zweitinsolvenz" scheint eine Änderung der Rechtsprechung
des BSG geboten. Sie findet keine Stütze im Wortlaut des Gesetzes und ver-
kennt den Sanierungszweck bei der Unternehmensfortführung, insbesondere
im Sozialplanverfahren. In § 165 Abs. 1 SGB III ist eine Sperrwirkung des zeitlich „ersten" Insolvenzereignisses nicht normiert, vielmehr hat das BSG die
wiederholte Zahlung von Insolvenzgeld bei einer zweiten Insolvenz im Wege
der richterlichen Rechtsfortbildung ausgeschlossen („teleologische Reduk-
tion").

Dass eine Arbeitnehmerin, die bei einem zunächst zahlungsunfähigen Arbeitgeber bleibt, um an der Sanierung mitzuwirken, weniger schutzwürdig sein
soll als ein Arbeitnehmer, dessen Unternehmen erstmals in die Insolvenz fällt,

---

22   „Nach der Rechtsprechung des BSG sind tariflich verzichtete Lohnbestandteile, die im Insolvenzgeld-
      Zeitraum kraft tariflicher Regelung neu entstehen und fällig werden, bei der Berechnung des
      Insolvenzgeldes nur zu berücksichtigen, wenn sie im Insolvenzgeld-Zeitraum erarbeitet worden sind",
      BSG 24.11.1983 –10 RAr 12/82; BSG 4.3.2009 – 11 AL 8/08 R.

passt nicht zur Insolvenzordnung, die die Unternehmensfortführung als Ziel aufgenommen hat (§ 1 InsO),[23] und ist auch gleichheitsrechtlich ein Problem. Arbeitnehmer, die dieses Risiko auf sich nehmen, sollten nach zutreffender Auffassung in der Literatur als sozialpolitisch besonders schützenswert gelten.[24] Eine Liquiditätsprüfung ist ihnen nicht möglich, sie können lediglich sehen, dass der Betrieb (gegebenenfalls über Jahre) fortgeführt wird und das Insolvenzgericht (gegebenenfalls) sogar das Insolvenzverfahren aufgehoben hat. Insbesondere im Fall einer Planbestätigung ist die Rechtsprechung des BSG schwer nachvollziehbar: Denn das Insolvenzgericht hätte bei Fortdauer der Zahlungsunfähigkeit den Insolvenzplan nicht bestätigen dürfen und die Gesellschaftsorgane müssen sofort ein neues Insolvenzverfahren einleiten, wenn der Insolvenzgrund der Zahlungsunfähigkeit nicht aufgehoben wäre.[25] Letztlich vermengt das BSG zwei Insolvenzen zu einer Gesamtinsolvenz und betrachtet die Entwicklung *ex post*: Weil die Sanierung nicht funktioniert hat, war auch in der Zwischenphase der Insolvenzgrund nicht weggefallen. Das ist systemwidrig, weil es dann keinen zweiten Insolvenzantrag, keinen zweiten Insolvenzverwalter und keine neue Verteilung an die Gläubiger geben dürfte.[26] Hier stellt sich das bereits erwähnte Problem der Vermengung von Insolvenzgeld und Vorfinanzierung. Die Begründung lautet, dass aus der Umlage keine erneute Subventionierung stattfinden soll, wenn ein Sanierungsversuch bereits gescheitert ist. Dieses Problem stellt sich jedoch nur bei einer Gleichsetzung von Insolvenzgeld und Vorfinanzierung des Insolvenzgeldes, denn nur über die Vorfinanzierung wird aus der sozialrechtlichen Leistung an die Arbeitnehmer ein Sanierungsbeitrag für die Gläubiger. Hier sind zwei Wege denkbar: Entweder setzt man auf eine schärfere Prüfung durch die Agentur für Arbeit nach § 170 Abs. 4 S. 2 SGB III bei einer zweiten Insolvenz. Denn sie darf einer Übertragung oder Verpfändung der Insolvenzgeldansprüche nur zustimmen, wenn zu erwarten ist, dass ein erheblicher Teil der Arbeitsplätze erhalten bleibt – und das setzt eine positive Sanierungsprognose voraus, an die gegebenenfalls höhere Anforderungen zu stellen wären. Das gibt das geltende Recht bereits her. Alternativ könnte die Vorfinanzierung für Zweitinsolvenzen durch Gesetzesänderung auch vollständig ausgeschlossen werden – ohne aber den Arbeitnehmern ihre Sicherung vor dem Insolvenzrisiko zu entziehen. Das hätte jedoch den Nachteil, dass eine erneute Vorfinanzierung über das Insolvenzgeld auch dann ausgeschlossen wäre, wenn nach einer ersten Insolvenz im zweiten Insolvenzverfahren eine naheliegende Sanierungschance besteht und ginge, in diesem Sinne, auf Kosten sowohl des Beschäftigungsinteresses der Arbeitnehmer wie der Gläubiger. Eine Prüfung des Einzelfalls durch die Arbeits-

---

23 BSG 29.5.2008 – B 11a AL 61/06 R, Rn. 21.
24 *Marquardt*, BB 2022, 436.
25 *Cranshaw*, in jurisPK-InsR 13/2015, Anm. 1.
26 *Marquardt*, BB 2022, 436.

agentur scheint deshalb hier insgesamt vorzugswürdig. Jedenfalls müsste auch *de lege lata* in Erwägung gezogen werden, die Anforderungen an die Darlegung der wiederhergestellten Zahlungsfähigkeit, nach der eine erneute Zahlung des Insolvenzgeldes möglich ist, zugunsten der Arbeitnehmer abzusenken.[27]

II.   Gestaltungsmöglichkeiten für ein erweitertes Insolvenzgeld

1.   Verlängerung des Insolvenzgeldzeitraums

Eine Ausdehnung des Insolvenzgeldzeitraums auf sechs Monate hatte der Deutsche Richterbund bereits 1990 in einer Stellungnahme gefordert.[28] Im Jahr 2020 forderten der Gravenbrucher Kreis, der Verband Insolvenzverwalter und Sachwalter Deutschlands (VID) und der Bundesverband ESUG und Sanierung in Deutschland e.V. in einer gemeinsamen Stellungnahme erneut eine Verlängerung.[29] In der Gesetzesbegründung zur InsO argumentierte die damalige Bundesregierung, dass Lohnrückstände von mehr als drei Monaten selten seien und deshalb nicht besonders berücksichtigt werden müssten. Wegen der Zuordnung von Leistungen zum Insolvenzgeldzeitraum ist dieses Argument aber hinfällig, denn ob ich 3/12 oder 6/12 einer Jahressonderzahlung erhalte, macht ebenso offenkundig einen Unterschied, wie etwa die Frage, ob drei oder sechs Monate Überstunden aus einem Arbeitszeitkonto gesichert sind. Wegen der insofern eindeutigen gesetzlichen Regelung des § 165 Abs. 1 S. 1 SGB III ist eine Verlängerung des Insolvenzgeldzeitraums nur im Wege einer Gesetzesänderung möglich. Welche Argumente sprechen für und welche gegen eine Gesetzesänderung?

Der Sinn und Zweck der Garantieleistung, die Arbeitnehmer vor Ausfällen bereits verdienter Leistungen zu schützen, würde durch eine Erweiterung der Bezugszeit offenkundig gefördert. Die deutsche Regelung deckt nur das unionsrechtliche Mindestmaß ab (Art. 4 Abs. 2 S. 1 RL 2008/94/EG) und fällt gegenüber großzügigeren Regelungen, wie etwa in Frankreich, zurück. Für eine Verlängerung des Insolvenzgeldzeitraums spricht auch, dass dadurch Sicherungslücken an anderer Stelle entschärft würden – und das durch eine einfache und gut eingespielte Sicherungsmethode.

Die Argumente gegen eine Ausdehnung der Bezugsdauer richten sich insbesondere gegen den dann auch längeren Zeitraum der *Vorfinanzierung* des Insolvenzgeldes als Sanierungswerkzeug. Hier wird ins Feld geführt, dass die Mög-

---

27   *Marquardt*, BB 2022, 436, 440.
28   BT-Drs. 12/3803, 138 zu Nr. 31.
29   NZI Aktuell Heft 8/2020, XI bis XIII.

lichkeit eines längeren Bezugs und der Sanierungseffekt über die Vorfinanzierung einen Anreiz für die Verschleppung der Insolvenzeröffnung bewirken könne, weil ein Interesse bestehe, unbezahlte Arbeit bei dem Versuch der Massesteigerung in Anspruch zu nehmen.[30] Diese Ausweitung belaste die Umlage und könnte die Gläubiger sogar schädigen, wenn die Herauszögerung des Eröffnungsverfahrens gerade nicht zur Massesteigerung führe.[31] Um diesen Argumenten den Wind aus den Segeln zu nehmen, müsste die durchaus bestehende Missbrauchsgefahr durch eine strengere Prüfung der Arbeitsagentur aufgefangen werden. Da aber für eine Verlängerung des Insolvenzgeldzeitraums ohnehin eine Gesetzesänderung notwendig wäre, wäre eine denkbare Regelungsalternative, den Zeitraum der Vorfinanzierung auf drei Monate zu deckeln, so dass es nicht zu einer weiteren Subvention aus der Umlage käme. Die zusätzlichen drei Monate könnten als reine Ausfallsicherung für die Arbeitnehmer gestaltet werden, womit das Insolvenzgeld zu seinem eigentlichen Zweck zurückkehrte.

Die Begrenzung des Zeitraums der Vorfinanzierung des Insolvenzgeldes auf drei Monate wäre auch aus Gründen der Unionsrechtskonformität jedenfalls die sicherste Regelungsvariante. In einer Stellungnahme vom 19.11.2009 hatte die Europäische Kommission gegenüber der Bundesregierung erklärt, dass sie das deutsche Insolvenzgeld wie auch die Vorfinanzierung nicht als staatliche Beihilfe im Sinne des Gemeinschaftsrechts einordne. Das begründete sie damit, dass die Bundesrepublik verpflichtet sei, für einen Mindestzeitraum von drei Monaten Insolvenzgeld zu gewähren. Die Möglichkeit der Vorfinanzierung stelle eine dem Gestaltungsspielraum des Mitgliedsstaates unterliegende Umsetzungsweise einer europarechtlichen Pflicht dar und erhöhe den Vermögenswert der Forderungen zudem nicht. Ein Verstoß gegen Art. 87 EGV, heute Art. 107 AEUV, liege demnach nicht vor.[32] Dabei war die Kommission aber ausdrücklich darauf eingegangen, dass die deutsche Umsetzung nicht über das europarechtlich „geforderte Maß" hinausgehe und – aus diesem Grund – der Bundesrepublik „nicht zuzurechnen" sei. Eine Verlängerung der Vorfinanzierung auf mehr als drei Monate wäre der Bundesrepublik zuzurechnen, weil sie dann nicht mehr nur in Umsetzung einer unionsrechtlichen Pflicht aktiv würde. Das dürfte die Frage der Vereinbarkeit mit Unionsrecht erneut aufwerfen. Unberührt davon besteht die Möglichkeit einer Verlängerung des Insolvenzgeldzeitraums für Arbeitnehmer, da hier keine Beihilfe vorliegt, und das Unionsrecht lediglich einen Mindeststandard von drei Monaten festlegt.

---

30   *Richter*, NJW 2018, 982, 985.
31   *Marquardt*, NZI 2020, 455, 457.
32   Stellungnahme der Europäischen Kommission vom 19.11.2009 – K(2009)8707; die dagegen erhobene Klage hat der EuGH durch Beschluss vom 11.1.2012 – T-58/10 als unzulässig abgewiesen.

2. Ein nur der Höhe nach begrenztes Insolvenzgeld

Die Probleme, die sich bisher bei der Zuordnung zum Insolvenzgeldzeitraum stellen, blieben zwar auch bei einer Verlängerung des Zeitraums bestehen, wären aber abgeschwächt. Man könnte aber, wenn ohnehin eine Gesetzesänderung notwendig ist, auch über ein anderes Modell nachdenken: Die Begrenzung auf einen Insolvenzgeldzeitraum von drei oder sechs Monaten ist europarechtlich nicht vorgeschrieben. Lediglich eine Untergrenze für die Sicherung der Ansprüche aus den letzten drei Monaten des Arbeitsverhältnisses ist festgeschrieben (Art. 4 Abs. 2 S. 1 RL 2008/94/EG). Dieses andere Regelungsmodell müsste man sich nicht ausdenken, es könnte mit rechtsvergleichendem Blick auf die französische Regelung entworfen werden. In Frankreich sind Forderungen der Arbeitnehmer bis zu einem individuellen Sicherungsbetrag abgesichert. Voraussetzung ist lediglich, dass die Ansprüche der Arbeitnehmer vor dem Insolvenzereignis entstanden sein müssen und nicht ausgeglichen sein dürfen. Auf eine Zuordnung zu einem bestimmten Zeitpunkt käme es dann ebenso wenig an, wie der monatliche Betrag durch die Beitragsbemessungsgrenze gedeckt wäre. In diesem Regelungsmodell würde sich lediglich die Frage stellen, bis zu welchem Betrag Forderungen der Arbeitnehmer geschützt sein sollen. Mit Blick auf die französische Regelung könnte man hier einen Betrag von ca. 80.000 Euro ins Auge fassen. Ein so gestaltetes Insolvenzgeld hätte zudem den Vorteil, die Sicherungslücken bei Arbeitszeitkonten, Altersteilzeit, aber auch bei ungesicherten Wertguthaben so weit abzufedern, wie es der Umlage zuzumuten ist. Sofern die ungesicherten Bestandteile, etwa bei einer längeren Arbeitsphase bei Altersteilzeit im Blockmodell, den Betrag übersteigen, müssen andere Sicherungsmodelle greifen.

3. Kombiniertes Modell (Insolvenzgeld plus persönlicher Schutzbetrag)

Rechtspolitisch denkbar wäre auch eine Kombination aus dreimonatiger Insolvenzgeldphase in Kombination mit einem darüberhinausgehenden persönlichen Insolvenzschutzbetrag nach dem Vorbild des französischen Insolvenzgeldes.[33] Dieses Modell hätte den Vorteil, dass für die Dreimonatsphase weiterhin eine Vorfinanzierung stattfinden könnte, über die als positiv zu bewertende Sanierungseffekte beibehalten werden könnten. Eine vollständige Abschaffung der Vorfinanzierung würde die Sanierungschancen reduzieren und dürfte deswegen eher nicht auf die breite Zustimmung stoßen, wie sie für ein Reformprojekt dieser Größenordnung notwendig wäre. Gleichzeitig wäre aber im Kombinationsmodell eine erweiterte Sicherung des individuellen Ausfallbe-

[33] Die Kombinationslösung brachte der Vors. Ri am BAG a.D. Dr. *Bertram Zwanziger* in der Diskussion dieses Beitrags am 17.11.2022 bei einer Tagung des Hugo Sinzheimer Instituts und des Vorstands der IG Metall ins Spiel. Ich danke ihm für die Anregung.

trages gewährleistet, die keine Subventionierungswirkung hätte, aber dem eigentlichen Zweck des Insolvenzgeldes – der Sicherung des Risikos des vorleistungspflichtigen Arbeitnehmers – besser gerecht würde, als es die bisherige Regelung tut.

4. Finanzierung eines erweiterten Insolvenzgeldes

Zur Finanzierung eines erweiterten Insolvenzgeldes gibt es unterschiedliche Vorschläge. Teilweise wird die paritätisch finanzierte Arbeitslosenversicherung als richtige Quelle angesehen, teilweise wird eine Finanzierung über den Fiskus vorgeschlagen.[34] Wegen des Sanierungseffekts bei der Vorfinanzierung und der sozialpolitischen Komponente des Insolvenzgeldes wird argumentiert, dass es sich um eine „gesamtgesellschaftliche Aufgabe" handele, mit dem Hinweis, dass diese „Aufgabe" bisher allein durch Mittel der Arbeitgeber bestritten werde.[35] Die Ausrichtung der Argumentation auf Wirkung und Zweck des Insolvenzgeldes lenkt aber von der für die Finanzierung der Leistung maßgeblichen Frage ab, gegen welches Risiko das Insolvenzgeld schützen soll. Mag nämlich die Funktion des Insolvenzgeldes sozialpolitisch sinnvoll und gesamtgesellschaftlich relevant sein, so betrifft doch das Risiko, vor dem die Arbeitnehmer geschützt werden, allein die Sphäre der Arbeitgeber. Die Insolvenz ist das der Gewinnerzielungsabsicht korrespondierende Risiko. Es ist deshalb bereits aus Gründen gerechter Risikoverteilung daran festzuhalten, dass die Finanzierung der Sicherung gegen die Insolvenz bei den Arbeitgebern verbleibt und nicht – etwa über Steuermittel – vergesellschaftet wird. Das gilt auch dann, wenn diese Leistung ausgeweitet wird, weil das an der grundsätzlichen Ursache des Risikos nichts ändert.

III. Altersteilzeit, Wertguthaben und ungesicherte Arbeitszeitkonten

Keineswegs trivial ist die Frage, wie ein besserer Schutz bei Wertguthaben und Altersteilzeit im Blockmodell hergestellt werden könnte. Eine Pflicht zur Insolvenzsicherung besteht bereits. Hier sind es gerade die Sanktionsmöglichkeiten, die sich als unzulänglich erweisen. Auch hier scheint eine Sicherung über ein Umlagesysteme vorzugswürdig und würde durch eine Verlängerung der Bezugsdauer des Insolvenzgeldes oder eine Erweiterung um einen individuellen Sicherungsbetrag verbessert. In Frage steht aber, wie ungesicherte Guthaben in Arbeitszeitkoten der Arbeitnehmer (ob Altersteilzeit, Wertguthaben

---

34 Bundesverband ESUG und Sanierung in Deutschland e.V. (Arbeitslosenversicherung); *Richter*, NJW 2018, 982, 986 (Steuerfinanzierung – jedenfalls bei Vorfinanzierung).

35 *Richter*, NJW 2018, 982, 985.

oder andere) geschützt werden könnten, die ihrem Umfang nach über dasjenige hinausgehen, was bei ausgewogener Risikoverteilung der bestehenden Umlage zugemutet werden kann. Sofern ein neues und spezifisches Umlagemodell für Wertguthaben und Altersteilzeit relativ automatisiert installiert werden könnte, würde es das Insolvenzrisiko zuverlässig beheben und die öffentliche Verwaltung dafür sorgen, dass die Mittel sicher zur Verfügung stehen. Bei einer Umlage, die nicht alle Arbeitgeber betrifft, stellt sich aber ein Problem. Denn während jede Arbeitnehmer*in mit ihrer Meldung zur Sozialversicherung automatisch in die Umlage zum Insolvenzgeld einbezogen werden kann, hat die Arbeitsagentur keine Kenntnis, welche Arbeitgeber Wertguthaben bilden lassen oder Altersteilzeit im Blockmodell anbieten. Eine Umlage für alle, die nur das Risiko einiger Arbeitgeber abdeckt, ist kaum denkbar. Das könnte es notwendig machen, trotz der Vorzugswürdigkeit einer Umlagesicherung, über eine privatrechtliche Sicherung nachzudenken. Um die Insolvenzsicherung in der Breite durchzusetzen, könnte über eine Verschärfung der Sanktionen, etwa Strafzahlungen bei unzureichender Insolvenzsicherung, nachgedacht werden. Ein kleinerer Schritt wäre es, die Organhaftung auch bei der Altersteilzeit durch eine Aufhebung des Negativverweises in § 8a ATG einzuführen. Eine zusätzliche Verbesserung wäre die Abschaffung der Freigrenzen, bis zu deren Erreichen keine Insolvenzsicherung eingerichtet werden muss, denn auch hier kann es um mehrere tausend Euro gehen. Eine Ausweitung des Insolvenzgeldzeitraums oder die Einführung eines individuellen Sicherungsbetrages würden zusätzlich helfen, jedoch das Problem, insbesondere bei längerem „Ansparen", nicht vollständig beheben.

Denkbar, praktikabel und bezogen auf die Risikoverteilung angemessen wäre die Einrichtung einer dem Pensionssicherungsverein auf Gegenseitigkeit nachgebildeten Institution auch für die Sicherung von Wertguthaben und Altersteilzeit. Dieses zugegebenermaßen größere Reformprojekt ließe sich auch mit einem besseren Schutz von Arbeitszeitkonten insgesamt verbinden. Die neue Institution könnte sich generell auf den Schutz angesparter Arbeitszeitguthaben beziehen. Die Pflicht zur Beitragsleistung könnte mit den in einem Unternehmen existierenden Arbeitszeitkonten korreliert werden. Der zu erwartende Beitrag für die Arbeitgeber wäre gering. Hielte man sich dabei streng an das Vorbild des PSV käme als Vorteil hinzu, dass die Sicherung auch dann bestehen würde, wenn der Arbeitgeber die Beiträge für die Sicherung nicht oder nicht ordnungsgemäß abgeführt hat.[36] Eine Insolvenzsicherung von Arbeitszeitkonten wäre auf diesem Wege zu erreichen, ohne dass ein allgemeines Umlageverfahren für die Sicherung eines nur teilweise bestehenden Risikos herangezogen werden müsste.

---

36   So für den PSV BAG 22.9.1987 – 3 AZR 662/85.

IV. Ausblick und Diskussion

Auch die hier skizzierten Vorschläge erheben nicht den Anspruch, alle Lücken der Insolvenzsicherung zu schließen. Jedes neue Modell bringt Beschränkungen mit sich und lässt unvorhergesehene Fallkonstellationen unberücksichtigt. Soweit es um Sanierungsbeiträge der Arbeitnehmer aus Tarifverträgen geht, wäre eine Verlängerung des Insolvenzgeldzeitraums oder ein individueller Sicherungsbetrag bereits ein Fortschritt. Sämtliche ausgefallenen Leistungen, unabhängig von Herkunft und Ausgestaltung, in einer neuen Umlage abzusichern, erscheint, wie am Beispiel der Wertguthaben oder Altersteilzeit diskutiert, schwierig: Die gesicherten Leistungen würden dann nicht mehr typischerweise alle Arbeitgeber betreffen. Eine Ausdehnung der Umlage (auf sechs Monate oder einen individuellen Sicherungsbetrag) ist deshalb zwar grundsätzlich zu begrüßen, dürfte aber vor allem für solche Forderungen der Arbeitnehmer systemisch passen, die in der Insolvenz typischerweise entstehen. Nachinsolvenzliche Lohnforderungen über das Insolvenzgeld vor Masseunzulänglichkeit zu schützen, scheint systematisch noch am besten begründbar, insbesondere wenn keine neue Vorfinanzierung in Betracht kommt. Vermieden werden sollte aber, den Zusammenhang von Risiko und Finanzierung der Insolvenzsicherung aufzuheben, etwa indem steuer- oder sozialabgabenfinanzierte Modelle etabliert werden. Demgegenüber scheinen für bestimmte Sicherungsgegenstände sanktionsbewährte privatrechtliche Sicherungsmodelle, etwa nach dem Modell des PSV, eine Überlegung wert.

Arbeitnehmeransprüche in der Insolvenz des Arbeitgebers in Deutschland und in Frankreich

Dr. Amélie Sutterer-Kipping, Hugo Sinzheimer Institut

A. Das Insolvenzrecht in Deutschland

Der Beitrag stellt wesentliche Grundstrukturen der Rangordnung und des Anfechtungsrechts von Arbeitnehmeransprüchen in der Insolvenz des Arbeitgebers in Deutschland und Frankreich gegenüber. Der Vergleich jener beiden Rechtsordnungen ist dabei besonders interessant, weil das französische Recht im Vergleich zur deutschen Insolvenzordnung (InsO) eine allgemeine und besondere Bevorzugung von Arbeitnehmeransprüchen in der Insolvenz des Arbeitgebers vorsieht. Bevor näher auf die Besonderheiten im französischen Insolvenzarbeitsrecht eingegangen wird, sind in Schlaglichtern zunächst die maßgeblichen Systembausteine im deutschen Recht zu beleuchten.

In Deutschland sieht die Insolvenzordnung keine generelle Privilegierung von Arbeitnehmer*innen vor, denn das Insolvenzverfahren dient gemäß § 1 S. 2 InsO dazu, die Gläubiger eines Schuldners gemeinschaftlich zu befriedigen. Mit der Insolvenzordnung wurde die insolvenzrechtliche Bedeutung der Arbeitnehmeransprüche in der Insolvenz gegenüber der Rechtslage nach §§ 59 Abs. 1 Nr. 3a und 61 Abs. 1 Nr. 1a Konkursordnung (nachfolgend KO) entscheidend geändert und die Privilegierung der Ansprüche auf rückständiges Arbeitsentgelt aus der Zeit vor der Eröffnung des Konkursverfahrens mit Wirkung seit dem 1.1.1999 abgeschafft.[1] Nach der Gesetzesbegründung waren für die Arbeitnehmer*innen „keine sozialen Härten"[2] zu erwarten, „da für Lohnausfälle der letzten drei Monate vor der Eröffnung des Insolvenzverfahrens Konkursausfallgeld gezahlt werden sollte"[3]; ältere Rückstände seien selten von Bedeutung. Ihnen steht nach der Zielvereinbarung des § 1 S. 1 InsO nur noch eine gemeinschaftliche und gleichmäßige Befriedigung zu. Die soziale Sicherung der Arbeitnehmeransprüche für die letzten drei Monate vor Eröffnung des Insolvenzverfahrens über das Vermögen des Arbeitgebers erfolgt aus-

---

1   Küttner Personalhandbuch-*Kania*, Insolvenz des Arbeitgebers Rn. 6; *Huber*, NJW 2009, 1928, 1930.
2   BT-Drs. 12/2443, 90.
3   BT-Drs. 12/2443, 90.

schließlich durch das von der Bundesagentur für Arbeit zu zahlende Insolvenzgeld (§§ 165–172 SGB III).

Gleichwohl erfahren Arbeitnehmerforderungen in der Insolvenz des Arbeitgebers in vielfacher Hinsicht eine andere rechtliche Einordnung: Ansprüche aus dem Arbeitsverhältnis können sowohl Insolvenzforderungen als auch Masseverbindlichkeiten sein. Diese Unterscheidung ist sowohl für die soziale Absicherung der Arbeitnehmeransprüche als auch für die Anfechtungsregeln entscheidend. Während Insolvenzforderungen in der Regel mit einer geringeren Quote nur anteilig befriedigt werden, erfolgt die Befriedigung von Masseverbindlichkeiten grundsätzlich in vollem Umfang.[4] Die Einordnung eines Anspruchs des Arbeitnehmers/der Arbeitnehmerin als Insolvenzforderung oder Alt- bzw. Neumasseverbindlichkeit kann im Einzelfall schwierig sein.[5]

I.   Insolvenzforderungen

Insolvenzforderungen sind Forderungen auf rückständiges Entgelt aus dem Zeitraum vor der Insolvenzeröffnung. Dies setzt voraus, dass der anspruchsbegründende Tatbestand bereits vor Verfahrenseröffnung verwirklicht und damit abgeschlossen ist, mag sich eine Forderung des Gläubigers auch erst nach Beginn des Insolvenzverfahrens ergeben. Unerheblich ist, ob die Forderung selbst schon entstanden oder fällig ist.[6] Bildhaft ausgedrückt muss der „Schuldrechtsorganismus", der die Grundlage des Anspruchs bildet, bereits entstanden sein.[7]

Eine Ausnahme von dieser Regel ergibt sich aus § 55 Abs. 2 InsO, wenn ein vorläufiger (starker) Insolvenzverwalter, auf den die Verfügungsbefugnis über das Vermögen des Schuldners übergegangen ist (§ 21 Abs. 2 S. 1 Nr. 2 InsO), vor Eröffnung des Verfahrens eine Verbindlichkeit begründet, dann gilt diese als Masseverbindlichkeit. Die Befugnisse des vorläufigen (starken) Insolvenzverwalters entsprechen denjenigen eines Insolvenzverwalters nach Verfahrenseröffnung, der ebenfalls berechtigt ist, über das zur Insolvenzmasse gehörende Vermögen des Schuldners zu verfügen und es zu verwalten. Dasselbe gilt

---

4   Küttner Personalhandbuch-*Kania*, Insolvenz des Arbeitgebers Rn. 6.
5   Alphabetische Übersicht zu Einzelfragen der Anspruchszuordnung Däubler/Wroblewski-*Wroblewski*, Das Insolvenzhandbuch für die Praxis, Teil 3 Rn. 18ff.
6   MünchArbR-*Krumbiegel*, Bd. 1 Individualarbeitsrecht § 75 Rn. 2; Däubler/Wroblewski-*Wroblewski*, Das Insolvenzhandbuch für die Praxis, Teil 3 Rn. 6.
7   BAG 25.1.2018 – 6 AZR 8/17, NZA 2018, 1153, Rn. 12; vgl. auch BAG 14.3.2019 – 6 AZR 4/18, NZA 2019, 567, Rn. 13ff.; Däubler/Wroblewski-*Wroblewski*, Das Insolvenzhandbuch für die Praxis, Teil 3 Rn. 9.

für Verbindlichkeiten aus einem Arbeitsverhältnis, soweit der vorläufige (starke) Insolvenzverwalter die Arbeitsleistung in Anspruch genommen hat.[8]

Insolvenzforderungen sind demzufolge einfache Forderungen im Sinne von §§ 38, 108 Abs. 3 InsO. Sie genießen keinen Vorrang und müssen nach §§ 174ff. InsO zur Tabelle angemeldet werden. Am Ende des Verfahrens erhält jeder Einzelne aus der verbleibenden Insolvenzmasse eine Zahlung, die einer berechneten Quote entspricht.

Im Ergebnis lässt sich festhalten, dass Arbeitnehmeransprüche für die Zeit vor der Insolvenzeröffnung häufig wertlos und praktisch nur in dem Umfang abgesichert sind, in dem für sie Insolvenzgeld gezahlt wird. So sind die letzten drei Monate des bestehenden Arbeitsverhältnisses vor dem Insolvenzereignis – regelmäßig die Eröffnung des Insolvenzverfahrens – über das Insolvenzgeld nach §§ 165 SGB III abgesichert.[9]

II.   Masseverbindlichkeiten

Demgegenüber fallen unter Masseverbindlichkeiten im Sinne von § 55 Abs. 1 Nr. 2 Alt. 2 InsO alle Entgeltansprüche, die aus der Erbringung von Arbeitsleistung für die Zeit nach der Insolvenzeröffnung durch den Insolvenzverwalter erwachsen, und zwar in der Höhe, die sich aus dem jeweiligen Arbeitsvertrag ergibt, sowie alle sonstigen Ansprüche, die aus dem Fortbestand des Arbeitsverhältnisses resultieren. Erst wenn alle Massegläubiger ihr Geld vollständig erhalten haben, ist eine anteilige Erfüllung der Insolvenzforderungen vorzunehmen. Die Verpflichtung zur Begleichung der Arbeitsentgeltansprüche ist auch nicht davon abhängig, ob der Insolvenzverwalter den/die Arbeitnehmer*in tatsächlich beschäftigen kann. Nimmt der Insolvenzverwalter die Arbeitsleistung nicht mehr in Anspruch, z.B. weil der Betrieb schon eingestellt ist, hat er unter dem Gesichtspunkt des Annahmeverzugs das Arbeitsentgelt der bzw. dem leistungswilligen Arbeitnehmer*in dennoch als Masseverbindlichkeit zu begleichen (§§ 611 Abs. 1, 615 S. 1 BGB).[10] Dies mag auf den ersten Blick befremdlich wirken, denn bei einer Freistellung durch einen vorläufigen (starken) Insolvenzverwalter können nur Insolvenzforderungen erwachsen. Die Eröffnung des Insolvenzverfahrens ist und bleibt die maßgebliche Zäsur. Kurzum: Masse-

---

8   MünchArbR-*Krumbiegel*, Bd. 1 Individualarbeitsrecht § 75 Rn. 3; Däubler/Wroblewski-*Wroblewski*, Das Insolvenzhandbuch für die Praxis, Teil 3 Rn. 10.

9   Däubler/Wroblewski-*Wroblewski*, Das Insolvenzhandbuch für die Praxis, Teil 3 Rn. 11.

10   BAG 23.2.2005 – 10 AZR 602/03, NZA 2005, 694, 696; MünchArbR-*Krumbiegel*, Bd. 1 Individualarbeitsrecht § 75 Rn. 23.

verbindlichkeiten sind werthaltiger als Insolvenzforderungen und zugleich jedoch durch Masseunzulänglichkeit bzw. Massearmut bedroht.

Hat der Insolvenzverwalter die Masseunzulänglichkeit nach § 208 InsO angezeigt, sind die vorab aus der Masse geschuldeten Entgeltansprüche der Arbeitnehmer*innen nach Rangfolge des § 209 InsO zu berichtigen. Nach den Kosten des Insolvenzverfahrens sind im Rang eingeordnet die sog. Neumasseverbindlichkeiten (§ 209 Abs. 1 Nr. 2, Abs. 2 InsO) und zuletzt die übrigen Masseverbindlichkeiten (§ 209 Abs. 1 Nr. 3 InsO). Neumasseverbindlichkeiten sind nach §§ 209 Abs. 1 Nr. 2 solche, die nach Anzeige der Masseunzulänglichkeit begründet worden sind, hierunter fallen Arbeitsentgeltansprüche, die aus einer Neueinstellung des Arbeitnehmers/der Arbeitnehmerin resultieren oder neue individuelle mit dem Insolvenzverwalter vereinbarte Ansprüche wie etwa auf Abfindung. Zu den Neumasseverbindlichkeiten gehören außerdem gemäß § 209 Abs. 2 Nr. 2 InsO Arbeitsentgeltansprüche für die Zeit nach dem ersten Termin, zu dem der Insolvenzverwalter nach Anzeige der Masseunzulänglichkeit kündigen konnte. Maßgebend ist die objektive Rechtslage – das „rechtliche Können". Hierfür muss der Insolvenzverwalter zunächst die formellen Voraussetzungen für die Wirksamkeit der Kündigung schaffen (etwa Anhörung des Betriebsrats vor einer Kündigung gemäß § 102 Abs. 1 BetrVG). Schließlich werden bevorrechtigte Neumasseverbindlichkeiten gemäß § 209 Abs. 2 Nr. 3 InsO begründet, wenn und soweit der Verwalter nach Anzeige der Masseunzulänglichkeit für die Insolvenzmasse die Gegenleistung also die Arbeitsleistung des Arbeitnehmers/der Arbeitnehmerin in Anspruch genommen hat.

Die Abgrenzung zwischen Neu- und Altmasseverbindlichkeiten kann vereinfacht entsprechend folgender Faustformel vorgenommen werden:

Neumasseverbindlichkeiten sind die Ansprüche, zu denen sich der Insolvenzverwalter nach Anzeige der Masseunzulänglichkeit „bekannt hat" und durch deren Gegenleistung der Masse ein wirtschaftlicher Wert zugeflossen ist. Altmasseverbindlichkeiten hingegen sind Ansprüche, die begründet worden sind, bevor der Insolvenzverwalter die Masseunzulänglichkeit gemäß § 208 InsO angezeigt hat. Werden Arbeitnehmer*innen nach erfolgter Anzeige der Masseunzulänglichkeit unwiderruflich (unter Anrechnung Resturlaubs) freigestellt, sind die Ansprüche lediglich Altmasseverbindlichkeiten.[11]

Im Umkehrschluss bedeutet das, dass diejenigen Arbeitnehmer*innen, die vom Insolvenzverwalter unwiderruflich von der Arbeitsleistung freigestellt wurden, schlechter stehen als diejenigen, die der Insolvenzverwalter tatsäch-

---

11 Ausführlicher *Wroblewski*, NJW 2011, 347, 349.

lich weiterbeschäftigt. Gleichwohl ist an dieser Stelle anzumerken, dass es kein insolvenzspezifisches Freistellungsrecht des Insolvenzverwalters gibt. Der/Die Arbeitnehmer*in hat grundsätzlich einen Beschäftigungsanspruch und kann sich gegen eine rechtswidrige Freistellung auch im Wege der einstweiligen Verfügung gerichtlich wehren.[12]

Nach diesem groben Überblick soll nun das Augenmerk auf das Nachbarland Frankreich gerichtet werden. Für das allgemeine Verständnis ist zunächst ein Überblick über die verschiedenen Insolvenzverfahren erforderlich. Dabei ist das *droit des entreprises en difficulté* nicht in einem eigenen Gesetz geregelt, die maßgeblichen Vorschriften befinden sich vielmehr im Code de Commerce[13] (Handels- und Gesellschaftsrecht; Art. L. 611-1ff.).

B. Das Insolvenzrecht in Frankreich

Frankreich unterscheidet zwischen drei verschiedenen Insolvenzverfahren: *Procédure de sauvegarde*[14] (präventives Sanierungsverfahren), *Procédure de redressement* und *Procédure de liquidation*. Diese Unterscheidung hat enorme Auswirkungen sowohl für die soziale Absicherung der Arbeitnehmeransprüche durch die Lohnausfallversicherung als auch für die Anfechtungsregeln (*action de nullité*).

I. Das Insolvenzverfahren in Frankreich

1. Präventives Sanierungsverfahren

Bei der *Procédure de sauvegarde* handelt es sich um ein präventives bzw. antizipiertes Insolvenzverfahren. Das französische Sanierungsverfahren wird vor Eintritt der Zahlungsunfähigkeit durchgeführt (Art. L. 620-1 Abs. 1 S. 1 C. com.). Dieses Verfahren bezweckt gemäß Art. L. 620-1 Abs. 1 S. 2 C. com. die Neu-Organisation des Unternehmens, um die Fortführung der wirtschaftlichen Betätigung des Unternehmens, den Erhalt der Arbeitsplätze und die Schuldenbereinigung zu begünstigen. Sein Eröffnungsgrund ähnelt demjenigen der drohenden Zahlungsunfähigkeit.[15]

---

12 *Lakies*, ArbRAktuell 2013, 148, 151; ausführlich zur Freistellung in der Insolvenz: Däubler/Wroblewski-*Bauer*, Das Insolvenzhandbuch für die Praxis, Teil 3 Rn. 530ff.

13 Nachfolgend C. Com.

14 Wortwörtlich übersetzt Rettungsschirm.

15 *Merle*, Insolvenzzwecke in Deutschland und Frankreich, S. 83.

Das Eröffnungsurteil (*ouverture de procédure*) eines Sanierungsverfahrens hat eine Beobachtungsphase zur Folge. Ziel ist die Erstellung einer Wirtschafts- und Sozialbilanz und schließlich die Ausarbeitung eines Sanierungsplans. Die Beobachtungsphase dauert grundsätzlich sechs Monate.[16] In dieser Zeit wird ein Verwalter zur Überwachung (*surveillance*) und Unterstützung (*assistance*) der Geschäftsleitung (Art. L. 622-1 C. com.) ernannt, allerdings bleibt die Verwaltungs- und Verfügungsgewalt bei der Geschäftsleitung.[17] Es ist das Pendant zur Eigenverwaltung nach den §§ 270ff. InsO.[18] Mit Eröffnung des Insolvenzverfahrens geht im Regelfall die Befugnis, das Vermögen des Schuldners zu verwalten und darüber zu verfügen, auf den Insolvenzverwalter über (§ 80 Abs. 1 InsO). Davon abweichend sieht die InsO in Deutschland mit der in den §§ 270ff. InsO geregelten Eigenverwaltung ein Verfahren vor, welches es dem Schuldner gestattet, das Insolvenzverfahren unter Aufsicht eines Sachwalters (§§ 274ff.) eigenverantwortlich – an Stelle eines Insolvenzverwalters – zu betreiben.[19] Von diesem kurzen Exkurs zurück zum französischen Insolvenzverfahren.

Tritt in dieser Beobachtungsphase der Eröffnungsgrund der Zahlungsunfähigkeit (*cessation des paiements*) ein, muss das präventive Sanierungsverfahren (*procédure de sauvegarde*) in ein ordentliches Insolvenzverfahren – entweder in ein *redressement judiciaire* oder in eine *liquidation judiciaire* – übergeleitet werden.[20] Ist die Situation etwa aussichtslos, findet eine Umwandlung in eine *liquidation judiciaire* statt.[21] Obgleich der französische Gesetzgeber das präventive Sanierungsverfahren als Regelverfahren ausgestaltet hat, kommt dem Verfahren in der Praxis nur eine marginale Rolle zu. Im Jahr 2019 betrug der Anteil der *procédure de sauvegarde* an den *procédures collectives* lediglich 1,9 Prozent.[22]

---

16 Kindler/Nachmann/Bitzer-*Jobst*, Handbuch Insolvenzrecht in Europa, Länderbericht Frankreich Rn. 85.

17 Ausführlich *Merle*, Insolvenzzwecke in Deutschland und Frankreich, S. 372.

18 Kindler/Nachmann/Bitzer-*Jobst*, Handbuch Insolvenzrecht in Europa, Länderbericht Frankreich Rn. 89.

19 Vertiefend zur Eigenverwaltung Däubler/Wroblewski-*Helm*, Das Insolvenzhandbuch für die Praxis, Teil 5 Rn. 1ff.

20 Vertiefend zum Begriff *cessation des paiements* siehe *Gruber*, EuZW 2019, 181, 184.

21 Kindler/Nachmann/Bitzer-*Jobst*, Handbuch Insolvenzrecht in Europa, Länderbericht Frankreich Rn. 85.

22 Conseil National des Greffiers des Tribunaux de Commerce, Bilan National des Entreprises Januar 2020, S. 123 (Verteilung der Eröffnungen von Insolvenzverfahren nach Art des Urteils), abrufbar unter: *https://statistiques.cngtc.fr/uploads/BNE%20des%20greffiers%20des%20tribunaux%20de%20commerce %202019%20VDEF.pdf*

2. Insolvenzverfahren bei Zahlungsunfähigkeit (procédure de redressement und liquidation)

Der Begriff der Zahlungsunfähigkeit spielt im französischen Insolvenzrecht eine zentrale Rolle. Tritt Zahlungsunfähigkeit ein, muss der Insolvenzschuldner binnen 45 Tagen bei Gericht einen Antrag auf Eröffnung eines *redressement judiciaire* stellen. Die Zahlungsunfähigkeit ist auch ein Anknüpfungspunkt für die französischen Anfechtungsregeln (*droit de nullité*). Im französischen Recht können grundsätzlich nur masseschmälernde Rechtshandlungen des Schuldners, die während des Zeitraums zwischen der gerichtlich festgestellten tatsächlichen Zahlungseinstellung (*date de cessation de paiements*) und der Verfahrenseröffnung (*jugement d'ouverture*) vorgenommen wurden, annulliert werden, sog. *période suspecte*. Die Höchstdauer der *période suspecte* beträgt grundsätzlich 18 Monate. Daraus erklärt sich, warum im präventiven Sanierungsverfahren Gläubiger in aller Regel keine Anfechtungsklage befürchten müssen.[23] Ist ein *redressement judiciaire manifestement* unmöglich, beschließt das Gericht die Liquidation des Unternehmens.

II. Rangordnung der Arbeitnehmeransprüche in Frankreich

1. Privilège général (allgemeines Vorzugsrecht)

Das Vorzugsrecht beruht grundsätzlich auf dem Gedanken, dass Arbeitnehmer*innen nicht unmittelbar am Erfolg unternehmerischer Entscheidungen teilnehmen und deshalb auch nicht dem Insolvenzrisiko ausgesetzt sein dürfen. Dieser Begründungsstrang ähnelt den Grundsätzen der beschränkten Arbeitnehmerhaftung im deutschen Recht, wirkt aber nicht nur innerbetrieblich, sondern auch im Verhältnis zu Dritten, also zu anderen Gläubigern. Für ihre Ansprüche haben Arbeitnehmer*innen unabhängig von der Eröffnung des Insolvenzverfahrens ein *privilège général* (Vorzugsrecht) auf Befriedigung aus dem beweglichen und unbeweglichen Vermögen des Arbeitgebers. Im Rahmen eines Insolvenzverfahrens reicht dieses Privileg für die letzten sechs Monate vor Eröffnung des Insolvenzverfahrens.[24] Erfasst sind alle Ansprüche mit Arbeitsentgeltcharakter, mithin auch zahlreiche Entschädigungen (Prekaritätsprämie bei befristeten Arbeitsverträgen[25], gesetzliche und tarifvertragliche Kündigungsabfindungen).[26] Inzwischen sind die Entschädigungen ausdrücklich im Gesetz benannt. In der Praxis reicht dieses Vorzugsrecht zum

---

23 *Pierre-Michel Le Corre/Emmanuelle Le Corre-Broly*, Droit des entreprises en difficulté, S. 223.

24 Cour de Cassation, Chambre sociale 15. März 1983, 82-11.348 Bull. civ. V. Nr. 159.

25 Ausführlich zur Prekaritätsprämie als Modell für Deutschland *Deinert/Maksimek/Sutterer-Kipping*, Die Rechtspolitik des Sozial- und Arbeitsrechts, S. 221ff.

26 *Florence Debord* in: A. Lyon-Caen (Hrsg.) Répertoire de droit du travail, salaire paiement, privilège général, Stand Juni 2020 Rn. 189.

Schutz der Arbeitnehmer*innen jedoch nicht, da es gemäß Art. 2331 Nr. 3 und 2377 Nr. 2 Code civ.[27] im Hinblick auf das bewegliche Vermögen an dritter Stelle und beim unbeweglichen Vermögen erst an zweiter Stelle kommt. Es tritt etwa hinter das Vorzugsrecht des Fiskus (*privilège du trésor public*) zurück (Art. L. 2332-2 C. civ.) und steht im selben Rang wie das Vorzugsrecht der Sozialkassen (*caisse sociale*).

2. Superprivileg

Eine Korrektur erfolgt durch das Superprivileg.[28] Nach Art. 622-17 Abs. 2 C. com i. V. m. Art. L. 3253-2, 3253-4 und 7313-8 Code du travail sind die Arbeitnehmeransprüche (*rémunérations de toute nature*) aus den letzten 60 Arbeitstagen vor Verfahrenseröffnung vor sämtlichen anderen privilegierten Forderungen zu erfüllen. Hinter das Superprivileg treten auch die *frais de justice*[29] zurück. Unter *frais de justice* fallen alle Forderungen, die für die ordnungsgemäße Durchführung des Insolvenzverfahrens erforderlich sind, wozu auch die Insolvenzverwaltervergütung gehört. Das Superprivileg ist der Höhe nach begrenzt, und zwar auf das Doppelte der für die Berechnung der Beiträge zur französischen Sozialversicherung festgelegten Bemessungsobergrenze (Art. D. 3253-1 C. trav.). Im Jahr 2022 lag die Beitragsbemessungsgrenze (sog. *plafond de la sécurité sociale*) bei einem Monatsgehalt von 3.666 Euro. Das Superprivileg deckt also Insolvenzforderungen bis zu einer Höhe von 7.332 Euro.[30]

Der Insolvenzschuldner bzw. Insolvenzverwalter hat diese Ansprüche binnen zehn Tagen ab Verfahrenseröffnung auszuzahlen (Art. L. 625-8 Abs. 2 C. com.). Verfügt der Arbeitgeber nicht über die entsprechenden finanziellen Mittel, müssen die ersten Geldeingänge verwendet werden (Art. L. 625-8 Abs. 3 C. com.).

Arbeitsentgeltansprüche, die nach Verfahrenseröffnung entstanden sind, werden ebenfalls privilegiert. Sie müssen im Rang nach dem Superprivileg und, soweit sie nicht von der französischen Lohnausfallversicherung gedeckt sind, nach Eintritt der Fälligkeit ausgezahlt werden (Art. L. 622-17 Abs. 2, 3 Nr. 1 C. com.). Da sich in der Praxis gezeigt hatte, dass Arbeitnehmeransprüche im Zusammenhang mit Insolvenzverfahren oft nicht, verspätet oder nur teilweise befriedigt werden, wurde der Gefahr einer Leistungsunfähigkeit des Insolvenzschuldners durch eine im Jahr 1973 eingeführte Lohnausfallversicherung *Association pour la Gestion du régime de garantie des créances des salariés* (AGS) vorge-

---

27 Nachfolgend C. civ.

28 *Merle*, Insolvenzzwecke in Deutschland und Frankreich, S. 256.

29 Die "frais de justice" umfasst alle Forderungen, die für die Durchführung des Insolvenzverfahrens erforderlich sind.

30 *David Robine/Michel Jeantin/Paul Le Cannu*, Droit des entreprises en difficulté, Rn. 742.

beugt. Die Lohnausfallversicherung ist in Art. L. 3253-1 und Art. L. 351-3 C. trav. sowie in Art. L. 625-9 C. com. geregelt. Jeder/Jede Arbeitnehmer*in kann jedoch nur einen Höchstbetrag aus diesem Fonds geltend machen. Dieser wird durch Verordnung festgelegt (Art. D. 3253-5 C. trav.)[31] Ähnliches gibt es auch in Belgien, Dänemark, Ungarn, Österreich und Finnland. Deutschland hat sich entschieden, ein zeitlich befristetes Insolvenzgeld zu bezahlen. Der Insolvenzgeldzeitraum umfasst die letzten dem Insolvenzereignis vorausgehenden drei Monate des Arbeitsverhältnisses. Entsprechendes gilt in Italien und Griechenland.

Für Arbeitnehmer*innen, die länger als zwei Jahre im Unternehmen beschäftigt waren, beläuft sich der Höchstbetrag in Frankreich auf das Sechsfache (sog. *Plafond 6*) der monatlichen Bemessungsgrenze für die Berechnung der Beiträge zur Arbeitslosenversicherung. War der Arbeitnehmer zwischen sechs Monaten und zwei Jahren beschäftigt, beträgt er das Fünffache der Bemessungsgrenze, war er weniger als sechs Monate beschäftigt, beläuft er sich auf das Vierfache der Bemessungsgrenze (sog. *Plafond 4*).

Die Leistungen der Lohnausfallversicherung werden – wie das deutsche Insolvenzgeld – durch eine Umlage der Arbeitgeber finanziert (Art. L. 3253-6 C. trav.). Ihr Anwendungsbereich ist aber einerseits viel größer, denn er umfasst auch nach Insolvenzeröffnung entstandene Forderungen, was die Fortführung des Unternehmens erleichtert. Andererseits ist die Intervention der Lohnausfallversicherung subsidiär (diese Regelung kommt vor allem bei der *procédure de sauvegarde* zur Anwendung). Die Lohnausfallversicherung rückt durch Subrogation in die gleiche bevorzugte Rechtsstellung der Arbeitnehmer*innen vor, sodass ihr auch das Superprivileg zugutekommt.[32]

Durch die Lohnausfallversicherung wird die Zahlung von drei Arten von Arbeitnehmeransprüchen gewährleistet (Art. L. 3253-8 C. com.). Hierunter fallen zunächst die am Tage der Verkündung des Urteils über die Eröffnung des *redressement* Verfahrens oder eines Liquidationsverfahrens offenen Arbeitnehmeransprüche. Im Fall der Eröffnung eines *sauvegarde* Verfahrens, also eines präventiven Sanierungsverfahrens, sind die Ansprüche der Arbeitnehmer*innen von der Lohnausfallversicherung nicht gedeckt.[33] Schließlich ist der Arbeitgeber auch noch nicht zahlungsunfähig, so dass nicht dieselbe Schutzbedürftigkeit gegeben ist.[34]

---

31 *David Robine/Michel Jeantin/Paul Le Cannu*, Droit des entreprises en difficulté, Rn. 768.
32 *David Robine/Michel Jeantin/Paul Le Cannu*, Droit des entreprises en difficulté, Rn. 770.
33 *David Robine/Michel Jeantin/Paul Le Cannu*, Droit des entreprises en difficulté, Rn. 767.
34 Kindler/Nachmann/Bitzer-*Jobst*, Handbuch Insolvenzrecht in Europa, Länderbericht Frankreich Rn. 332.

Unter die Lohnausfallversicherung fallen ferner Entschädigungsansprüche und Abfindungen, die aus der Kündigung von Arbeitsverhältnissen nach Verfahrenseröffnung und zu einem in Art. L. 3253-8 näher bestimmten Zeitpunkt resultieren: etwa während der Beobachtungsphase der *sauvegarde* und des *redressement judiciaire*, oder innerhalb eines Monats nach Festsetzung eines Sanierungsplans (*plan de sauvegarde*), eines Plans zur Fortführung des Unternehmens (*plan de redressement*) oder eines Plans zur Betriebsstilllegung (*plan de cession*) oder innerhalb von 15 Tagen ab der Eröffnung eines Liquidationsverfahrens oder bei vorläufiger Fortsetzung der Tätigkeit des Unternehmens.[35]

Während beim *redressement* und dem Liquidationsverfahren sowohl Arbeitnehmeransprüche vor als auch nach der Verkündung des Eröffnungsurteils erfasst werden, greift die Lohnausfallversicherung im präventiven Sanierungsverfahren nur für bestimmte Arbeitnehmeransprüche nach dem Eröffnungsurteil ein.

C. Die Krux der Anfechtungsregeln in Deutschland und in Frankreich

Eng mit der Frage nach der Rangordnung von Arbeitnehmeransprüchen ist auch die Frage verbunden, ob der Insolvenzverwalter vor Insolvenzeröffnung gezahltes Arbeitsentgelt im Wege der Insolvenzanfechtung zurückfordern kann.

I. Anfechtungsregeln in Deutschland

Tatsächlich kann es passieren, dass der Insolvenzverwalter reguläre Arbeitsentgeltzahlungen herausverlangt, wenn sie etwa in den letzten drei Monaten vor dem Antrag auf Eröffnung des Insolvenzverfahrens vorgenommen wurden, wenn zur Zeit der Arbeitsentgeltzahlung der Arbeitgeber bereits zahlungsunfähig war und wenn der Arbeitnehmer zu dieser Zeit die Zahlungsunfähigkeit seines Arbeitgebers kannte oder Umstände kannte, die zwingend auf die Zahlungsunfähigkeit schließen lassen (§ 130 Abs. 1 Nr. 1 Abs. 2 InsO). Die Vorschrift betrifft reguläre Arbeitsentgeltzahlungen. Es handelt sich um eine Vorschrift über die kongruente Deckung. Die größte Hürde für den Insolvenzverwalter liegt in der Pflicht zum Nachweis der Kenntnis des Arbeitnehmers/der Arbeitnehmerin von der Zahlungsunfähigkeit. Kenntnis der Zahlungsunfä-

---

[35] Kindler/Nachmann/Bitzer-*Jobst*, Handbuch Insolvenzrecht in Europa, Länderbericht Frankreich Rn. 333.

higkeit setzt für sicher gehaltenes, positives Wissen voraus.[36] Den Arbeitnehmer/Die Arbeitnehmerin trifft aber, unabhängig davon, ob er/sie aufgrund seiner/ihrer Position Einblick in die Liquiditäts- oder Zahlungslage des Unternehmens hat, keine Beobachtungs- oder Erkundigungspflicht.[37] Ferner sind gemäß § 142 InsO sog. Bargeschäfte von der Insolvenzanfechtung ausgenommen.[38] Bargeschäfte sind Leistungen bzw. Zahlungen des Arbeitgebers, für die er unmittelbar eine gleichwertige Gegenleistung in sein Vermögen erlangt, wenn also der Austausch zeitnah erfolgt. Ein solcher ist nach § 142 Abs. 2 InsO gegeben, wenn der Zeitraum zwischen Arbeitsleistung und Gewährung des Arbeitsentgelts drei Monate nicht übersteigt. Der Gewährung des Arbeitsentgelts durch den Schuldner steht die Gewährung dieses Arbeitsentgelts durch einen Dritten nach § 267 BGB gleich, wenn für den Arbeitnehmer/die Arbeitnehmerin nicht erkennbar war, dass ein Dritter die Leistung bewirkt (§ 142 Abs. 2 S. 3 InsO).

Trotz dieser Einschränkungen durch die Rechtsprechung des BAG und BGH[39] und des Bargeschäftsprivilegs bleibt noch eine Reihe weiterer Fälle übrig,[40] in denen eine Anfechtung außerhalb des geschützten Insolvenzgeldzeitraums von drei Monaten in Betracht kommt:

1. Inkongruenz

Den Schwerpunkt der bisherigen Rechtsprechung des BAG zur Insolvenzanfechtung bildet der Anfechtungstatbestand der inkongruenten Deckung (§ 131 InsO).[41] Inkongruent sind Befriedigungen und Sicherungen, die der Gläubiger nicht oder jedenfalls nicht in der Art oder zu der Zeit zu beanspruchen hatte. Die weiteren Voraussetzungen sind vom Zeitpunkt der angefochtenen Rechtshandlung abhängig. Ist die Handlung im letzten Monat vor dem Antrag auf Eröffnung des Insolvenzverfahrens oder nach diesem Antrag vorgenommen worden, macht § 131 Abs. 1 Nr. 1 InsO die Anfechtung von keinen weiteren Voraussetzungen abhängig. Erfolgt die Handlung innerhalb des zweiten oder dritten Monats vor dem Eröffnungsantrag, ist neben der Inkongruenz zusätzlich erforderlich, dass der Schuldner im Zeitpunkt der Zahlung schon zahlungsunfähig war (§ 131 Abs. 1 Nr. 2 InsO) oder dass dem Gläubiger zur Zeit

---

36 BGH 19.2.2009 – IX ZR 62/08, NJW 2009, 1202, 1203.
37 BAG 6.10.2011 – 6 AZR 262/10, NZA 2011, 330, 336; ausführlich zur Rspr. Däubler/Wroblewski-*Wroblewski*, Das Insolvenzhandbuch für die Praxis, Teil 1 Rn. 72.
38 Däubler/Wroblewski-*Wroblewski*, Das Insolvenzhandbuch für die Praxis, Teil 1 Rn. 59.
39 BAG 6.10.2011 – 6 AZR 262/10, Rn. 26, 31ff., NZI 2011, 981; vgl. auch BGH 19.2.2009 – IX ZR 62/08, Rn. 17f., 22, NZI 2009, 228.
40 Mit weiteren Beispielen Däubler/Wroblewski-*Wroblewski*, Das Insolvenzhandbuch für die Praxis, Teil 1 Rn. 81.
41 *Spelge*, RdA 2016, 1, 12.

der Rechtshandlung bekannt war, dass die Handlung die Insolvenzgläubiger benachteiligt (§ 131 Abs. Nr. 3 InsO).

2. Androhung der Zwangsvollstreckung/ Zwangsvollstreckungsmaßnahmen

Der Insolvenzverwalter kann eine Arbeitsentgeltzahlung auch dann zurückfordern, wenn der Arbeitnehmer/die Arbeitnehmerin die Arbeitsentgeltzahlung in der kritischen Zeit (§ 131 Abs. 1 InsO) etwa auf der Grundlage eines Titels, d.h. unter Androhung der Zwangsvollstreckung oder durch eine Zwangsvollstreckungsmaßnahme erlangt hat.[42] Folgendes Beispiel dient zur Veranschaulichung: Ein*e Arbeitnehmer*in klagt auf Zahlung von Arbeitsentgeltrückständen für Januar, Februar und März. Im Juli kann der/die Arbeitnehmer*in die Erfüllung seiner/ihrer Entgeltansprüche unter Zuhilfenahme staatlicher Zwangsmittel durchsetzen. Anfang August stellt der Arbeitgeber einen Insolvenzantrag, woraufhin das Insolvenzverfahren im September eröffnet wird. Die Arbeitsentgeltrückstände wurden in diesem Beispiel zwar noch befriedigt, gleichwohl können sie noch angefochten werden. Das Insolvenzgeld deckt in diesem Fall nur die Arbeitnehmeransprüche der letzten drei Monate vor Insolvenzeröffnung – August, Juli und Juni. Überdies wird das Insolvenzgeld nur auf Antrag des Arbeitnehmers/der Arbeitnehmerin gezahlt. Der Antrag ist innerhalb von zwei Monaten nach Eintritt des Insolvenzereignisses zu stellen (§ 324 Abs. 3 S. 1 SGB III). In der Praxis wird diese Frist jedoch häufig versäumt, weil der Insolvenzverwalter seinen Insolvenzanfechtungsanspruch erst viel später nach der Insolvenzeröffnung geltend macht.[43] Allerdings kann nach Rückzahlung und Wiederaufleben der Entgeltforderung (§ 144 Abs. 1 InsO) der damit neu entstandene Insolvenzgeldanspruch noch geltend gemacht werden.[44]

Die Rechtsprechung des BAG hält die Annahme einer Inkongruenz für verfassungskonform. Es wird erwartet, dass Arbeitnehmer*innen im eigenen Interesse das Arbeitsverhältnis kündigen, wenn Entgeltrückstände aufgelaufen sind, die nicht mehr vom Insolvenzgeld abgedeckt sind.[45] Anders gewendet, wer trotz Rückstände an seinem Arbeitsverhältnis festhält, trägt das Risiko, dass die Ausfälle entweder nicht vom Insolvenzgeld abgesichert sind oder als Insolvenzforderung entwertet werden. Gleiches gilt bei einer Zahlung des Arbeitgebers

---

42 BAG 19.5.2011 – 6 AZR 736/09, NZA-RR 2011, 656; BAG 24.10.2013 – 6 AZR 466/12, NZA-RR 2014, 254; BAG 8.5.2014 – 6 AZR 465/12, NZA 2015, 574; BAG 18.10.2018 – 6 AZR 506/17, NZA 2019, 203.
43 *Spelge*, RdA 2016, 1, 3.
44 Däubler/Wroblewski-*Wroblewski*, Das Insolvenzhandbuch für die Praxis, Teil 11 Rn. 42.
45 BAG 19.5.2011 – 6 AZR 736/09, NZI 2011, 644. Auch das BVerfG hat eine gegen die Entscheidung vom 19.5.2011 eingelegte Verfassungsbeschwerde nicht zur Entscheidung angenommen (BVerfG 15.4.2014 – 2 BvR 1781/11).

unter dem Druck eines vom Arbeitnehmer/von der Arbeitnehmerin gestellten oder angedrohten Insolvenzantrags.

Von erheblicher praktischer Bedeutung sind ferner mittelbare Entgeltzahlungen. Hierunter versteht man Zahlungswege unter Einschaltungen eines Dritten. Derartige Zahlungsweisen begründen in der Regel Inkongruenz, weil die Befriedigung nicht in der geschuldeten Art, sondern unter Abweichung vom vereinbarten Erfüllungsweg erfolgt. Das gilt auch, wenn der Schuldner und der Dritte Schwesterunternehmen sind oder einen Gemeinschaftsbetrieb unterhalten. Erst wenn über die bloße Bildung eines Gemeinschaftsbetriebs hinaus zusätzlich eine dreiseitige Abrede zwischen den beteiligten Unternehmen und den Arbeitnehmer*innen getroffen wurde, kann eine kongruente Deckung in Betracht kommen.[46] Der in dieser Konstellation von § 142 Abs. 2 S. 3 InsO intendierte Schutz des Arbeitnehmers/der Arbeitnehmerin läuft hingegen spätestens nach den Prämissen des BGH weitestgehend leer.[47]

II. Anfechtungsregeln in Frankreich

1. Rechtsgeschäfte während der période suspecte

In Frankreich ist eine Anfechtung bzw. Annullierung (*action de nullité*) hingegen nur innerhalb der *période suspecte* zwischen dem Eintritt der Zahlungseinstellung und der Verfahrenseröffnung möglich. In der präventiven *sauvegarde* geht es um die Neuorganisation des Unternehmens und nicht um die Masseanreicherung. Die Anfechtung während der *période suspecte* ist ausschließlich dem Insolvenzverwalter, dem Gläubigervertreter, der Staatsanwaltschaft sowie der/dem mit der Ausführung des Insolvenzplans beauftragten Verwalter*in vorbehalten (Art. 632-4 C. com).

2. Nullité de droit

Außerhalb der Vorschriften zur Insolvenzanfechtung (*action de nullité*) kommt die Einzelanfechtung sog. *action paulienne* im *Code civil* in Betracht. Gemäß Art. 1341-2 C. civ. muss der Gläubiger nachweisen, dass der Schuldner die den Gläubiger benachteiligende Rechtshandlung vorsätzlich vorgenommen hat und der Anfechtungsgegner Kenntnis vom Benachteiligungsvorsatz hatte. Die *action paulienne* kommt aufgrund der sehr hohen Anforderungen an die Beweisbarkeit des Benachteiligungsvorsatzes des Schuldners in der Praxis nur sel-

---

46   BAG 21.11.2013 – 6 AZR 159/12, NZA 2014, 255.

47   BGH 10.3.2022 – 6 AZR IX ZR 4/21; ausführlich zur Problematik bereits *Wroblewski*, AuR 2018, 168, 170ff.

ten vor.[48] Art. L. 632-1 Abs. 1 C. com. normiert abschließend einen Katalog von zwölf Rechtshandlungen bzw. Rechtsgeschäften, die in jedem Fall (unwiderlegbar) nichtig sind und vom Gericht daher entsprechend annulliert werden müssen (*nullité de droit*).[49] Hierunter fällt etwa die Befriedigung nicht fälliger Forderungen (Nr. 3). Daneben kann die Befriedigung fälliger Forderungen und entgeltlicher Rechtsgeschäfte annulliert werden, wenn dem Gläubiger bekannt war, dass der Schuldner seine Zahlungen bereits eingestellt hatte (Art. L. 632-2 Abs. 1 C. com.). Die fakultative Annullierung liegt im Ermessen des Gerichts.[50]

In der Praxis stellt sich eine Annullierung bzw. Anfechtung von vornherein nicht, wenn der Arbeitgeber rückständige Arbeitnehmeransprüche aus den letzten 60 Tagen vor Verfahrenseröffnung ausgeglichen hat (sog. *super privilège*); denn diese Ansprüche wären auch vom Insolvenzverwalter voll und vorweg zu befriedigen gewesen. Für den Zeitraum davor bis zu sechs Monaten vor Verfahrenseröffnung handelt es sich um einen bevorrechtigten Anspruch (*privilège général*) auf Befriedigung aus dem beweglichen (mit Rangklasse 3) und unbeweglichen Vermögen (mit Rangklasse 2).[51]

Das italienische Insolvenzrecht geht in Fragen des Arbeitnehmerschutzes sogar noch einen Schritt weiter. Dort ist das Anfechtungsrecht für Entgeltzahlungen gesetzlich ausgeschlossen. So heißt es in Art. 166 Abs. 3 lit. f *c. c. i.* (italienisches Insolvenzrecht) Gesetzbuch über Unternehmenskrise und Zahlungsunfähigkeit ausdrücklich, dass die Zahlung zur Vergütung von Arbeitsleistungen, die von Angestellten oder freien Mitarbeitern erbracht worden sind, nicht angefochten werden kann.[52]

---

48 *Marie-Hélène Monsèrié-Bon/Corinne Saint-Alary-Houin*, Juris Classeur Fasc. 2502: Redressement et Liquidation Judiciaires – Nullité de droit et nullités facultatives.-Notion. Actions voisines (action paulienne, abus de droit).-Exercice de l'action et conséquences, Stand September 2020 Rn. 18.

49 *Marie-Hélène Monsèrié-Bon/Corinne Saint-Alary-Houin*, Juris Classeur Fasc. 2502: Redressement et Liquidation Judiciaires – Nullité de droit et nullités facultatives. Notion. Actions voisines (action paulienne, abus de droit).-Exercice de l'action et conséquences, Stand September 2020 Rn. 15.

50 Zuletzt bestätigt von Cour de Cassation, Chambre commerciale, 12. Januar 2010, 09-11.119 Bull. civ. IV Nr. 5; MünchKomm-InsO-*Dammann*, Bd. 4, Länderbericht Frankreich Rn. 182f.

51 *Merle*, Insolvenzzwecke in Deutschland und Frankreich, S. 377

52 *Bitzer*, Systemfragen der Insolvenzanfechtung – ein deutsch-italienischer Rechtsvergleich vor dem Hintergrund des europäischen internationalen Insolvenzrechts, S. 236. Anm.: Die Anfechtung von Arbeitsentgelten kam aber bereits nach alter Rechtslage vor der Anfechtungsreform 2005 in der Praxis kaum vor, da wegen der Arbeitnehmerprivilegien auch in Italien von einer Anfechtung abgesehen wurde.

D. Fazit

Im Vergleich zu Frankreich sind die Arbeitnehmeransprüche in der Insolvenz in Deutschland nach derzeit geltendem Recht schlechter geschützt. Das deutsche Recht kennt keine allgemeine Privilegierung, sondern setzt stattdessen auf ein Insolvenzgeld, das von der Bundesagentur für Arbeit gezahlt wird und nur die letzten drei Monate vor Eröffnung des Insolvenzverfahrens über das Vermögen des Arbeitgebers abdeckt. Insbesondere im Zusammenhang mit der Insolvenzanfechtung kann dies zu einem Verlust der Entgeltansprüche des Arbeitnehmers/der Arbeitnehmerin führen.

Ein Paradigmenwechsel der Rechtsprechung des BAG zur Entgeltanfechtung ist nach geltendem Recht eher nicht zu erwarten.[53] Das BAG[54] hat in seiner Entscheidung vom 25.2.2022 den Mindestlohn mittels verfassungskonformer Auslegung der §§ 129ff. InsO nicht anfechtungsfrei gestellt. Wie das BAG betont, hat der Gesetzgeber nicht nur in Kenntnis der vom BAG initiierten Diskussion bei der Reform des Insolvenzanfechtungsrechts 2017 von einer entsprechenden Regelung abgesehen.[55] Bereits im Referentenentwurf[56] wurde ausdrücklich erklärt, dass sich eine Anfechtungssperre erübrigt.[57] Eine Korrektur kann aber im Rahmen der geplanten unionsrechtlichen Harmonisierung des Insolvenzrechts, die nach dem aktuellen Kommissionsentwurf auch das Insolvenzanfechtungsrecht umfassen soll, angestrebt werden (vgl. hierzu den Tagungsbeitrag von *Wroblewski*). Soweit dies im Insolvenzrecht nicht gelingt, muss wenigstens auf Ebene des Sozialrechts eine Korrektur über das Instrument des Insolvenzgeldes gefunden werden.[58]

---

[53] Zur Anfechtungssperre zugunsten von Arbeitnehmenden *Wroblewski*, AuR 4/2018, 168; *ders.*, AuR 2011, 34f.; *ders.*, NJW 2012, 894, 898.

[54] BAG 25.5.2022 – 6 AZR 497/21, NZI 2022, 782, 785.

[55] BT-Drs. 18/7054, 11, 14.

[56] RefE 16.3.2015, S. 12, 19.

[57] BAG 25.5.2022 – 6 AZR 497/21, NZI 2022, 782, 785, 786.

[58] *Blank*, NZA 2016, 1123, 1127: *Blank* schlägt ein Insolvenzanfechtungsausfallgeld als neues Instrument zum Insolvenzgeld vor.

„Sicherung und Durchsetzung von Arbeitnehmerforderungen in Krise und Insolvenz – soll es beim rechtlichen Status quo bleiben?"

Andrej Wroblewski, IG Metall

Viele größere und kleinere Probleme der Entgeltsicherung in Unternehmenskrise und Insolvenz harren noch der Lösung. Für rechtspolitische Verbesserungsansätze konnte zunächst auf die im folgenden Text zitierte gewerkschaftliche Beschlusslage zurückgegriffen werden. Darüber hinaus unterbreite ich weitere, mitunter weitergehende, von mir persönlich entwickelte Lösungsvorschläge zum Umgang mit Lohnansprüchen in Unternehmenskrise und Insolvenz. Eines der wichtigsten Probleme der Beschäftigten in der Insolvenz des Arbeitgebers ist die Gefährdung ihrer Arbeitsplätze. Diese Problematik wurde auf der Tagung bereits im Zusammenhang mit § 1 InsO von *Bertram Zwanziger* und mit § 123 InsO von *Wolfgang Däubler* angesprochen. Die Fragen der Rechtspolitik zum eigentlichen Kündigungs- und Bestandsschutz des Arbeitsverhältnisses gehören aber nicht zum Gegenstand dieser Tagung, sondern wären Bestandteile einer noch zu führenden rechtspolitischen Diskussion speziell zu diesen Themen. Die Arbeitnehmerbeteiligung im Gläubigerausschuss haben *Stefan Smid* und *Daniel Blankenburg* in ihren Tagungsbeiträgen umfassend erörtert.

In meinem vorliegenden diese Tagung abschließenden Beitrag geht es nun um die Sicherung und Durchsetzung nicht beglichener Entgeltforderungen: zunächst um praktisch bedeutende bisher ungelöste Einzelprobleme und Lösungsvorschläge, anschließend generell um die Entgeltanfechtung und Rangfragen. Manches wie die Verzugspauschale auch für Arbeitnehmer*innen stellt nur eine kleine Korrektur gegenüber der derzeitigen Rechtsprechung dar, manches kann offensichtlich nicht unmittelbar in der heutigen Konstellation umgesetzt werden. Im Rahmen dieser Tagung und dieses Beitrags sollte aber intellektuell nicht eng am aktuell machbaren gehaftet werden, vielmehr sollten auch solche Vorschläge erörtert werden, die nur in geänderten gesellschaftlichen und politischen Kräfteverhältnissen durchsetzbar sein könnten. Dabei ist in wachsendem Maße auch im Restrukturierungs- und Insolvenzrecht die unionsrechtliche Ebene von Bedeutung, also die Rechtspolitik im Rahmen der EU. Wegen dessen aktueller Bedeutung war insbesondere der Richtlinienentwurf der EU-Kommission vom 7.12.2022 zur Harmonisierung bestimmter Aspekte des Insolvenzrechts – 2022/0408 (COD) – (im Folgenden: „*RL-Entwurf*"), soweit für die hier interessierenden Fragen erheblich, zu berücksichtigen.

A. Forderungspaket des DGB zur Lohnsicherung

Arbeitnehmer sind bei Lohnrückständen der Gefahr späterer Insolvenzanfechtung von Entgeltzahlungen oder des Ausfalls mit rückständigen Forderungen gegen den Arbeitgeber bzw. die Insolvenzmasse ausgesetzt. Der *DGB* hat hierzu eine Reihe von konkreten Verbesserungsvorschlägen im Arbeits-, Sozial- und Insolvenzrecht vorgelegt, die in Zusammenarbeit der *Gewerkschaften* entwickelt worden sind. Das 9-Punkte-Papier eines Lohnsicherungskonzepts ist auf der Webseite des *DGB* öffentlich zugänglich.[1] Hier werden eigene Formulierungsvorschläge ergänzt.

I. Zurückbehaltungsrecht

Der Arbeitnehmer kann, sobald er einen fälligen Lohn- oder Entgeltfortzahlungsanspruch erworben hat, bei Zahlungsverzug des Arbeitgebers gemäß § 273 Abs. 1 BGB die Fortsetzung der Arbeit unter bestimmten weiteren Voraussetzungen verweigern.[2] Nach der unübersichtlichen Rechtsprechung entfällt das Zurückbehaltungsrecht gemäß § 242 BGB unter anderem dann, wenn der Lohnrückstand – zeitlich und/oder dem Umfang nach – verhältnismäßig geringfügig ist,[3] oder wenn nur eine kurzfristige Verzögerung der Lohnzahlung zu erwarten ist. Zu beachten ist weiterhin, dass das Zurückbehaltungsrecht auch tatsächlich als solches geltend gemacht werden muss.[4] Die bloße Einstellung der Tätigkeit reicht nicht aus.[5] Ein verlässliches Bild über die Voraussetzungen des Zurückbehaltungsrechts lässt sich derzeit für niemanden gewinnen.

Zur rechtssicheren Ausgestaltung fordert daher der *DGB* ein spezielles gesetzliches Zurückbehaltungsrecht bei einem Lohnrückstand ab 40 % eines Bruttomonatsgehalts. Arbeitgeber, die sich in einem derart erheblichen Zahlungsrückstand befinden, dürften sich nicht mehr darauf verlassen, dass Arbeitnehmer*innen weiterhin in Vorleistung treten.[6]

---

1   Auf *www.dgb.de* mit dem Suchstichwort „Lohnsicherung" steht das vom DGB beschlossene Konzept zum Download zur Verfügung.

2   *Helm* in: Däubler/Wroblewski (Hrsg.), Das Insolvenzhandbuch für die Praxis, 5. Aufl. 2021 (im Folgenden zitiert als: Insolvenzhandbuch), Teil 1 Rn. 113.

3   BAG 9.5.1996, EzA § 626 BGB n.F. Nr. 161; *LAG Rheinland-Pfalz* 16.5.2006, LAGE § 320 BGB 2002 Nr. 1.

4   LAG Rheinland-Pfalz 31.8.2020 – 3 Sa 56/20, Rn. 94.

5   LAG Rheinland-Pfalz 16.5.2006, LAGE § 623 BGB 2002 Nr. 1.

6   Lohnsicherungskonzept des DGB, *www.dgb.de*.

Eigener Formulierungsvorschlag (FV):

§ 273 Abs. 1a BGB-FV: *Ist der Schuldner ein Arbeitnehmer und befindet sich der Arbeitgeber mit Entgelt in Höhe von mindestens insgesamt 40 v. H. eines Monatsentgelts im Zahlungsverzug, so kann er ohne weitere Voraussetzungen dem Arbeitgeber gegenüber die geschuldete Arbeitsleistung gemäß § 273 Abs. 1 BGB verweigern. Das Zurückbehaltungsrecht erfolgt durch Erklärung gegenüber dem Arbeitgeber und, soweit der Arbeitnehmer es nicht aufschiebend befristet hat, mit sofortiger Wirkung.*

II. Eigenkündigung bei Lohnverzug

Ähnlich verhält es sich mit den Folgen und Voraussetzungen einer außerordentlichen Eigenkündigung des Arbeitnehmers bei Entgeltrückständen.[7] Voraussetzungen und Forderungshöhe des Schadensersatzes nach § 628 Abs. 2 BGB sind reines Richterrecht, das in vielerlei Hinsicht ebenfalls unübersichtlich ist und daher vereinfachend und klarstellend kodifiziert werden sollte.

Lösung nach dem *DGB*-Konzept:

Ab einem angesammelten Zahlungsrückstand von in der Summe mindestens einem Monatsgehalt sollte Arbeitnehmer*innen ein außerordentliches Kündigungsrecht zustehen, wenn sie zuvor mit angemessener Fristsetzung von drei Tagen zur Zahlung des Rückstands aufgefordert haben.[8]

Eigene Formulierungsvorschläge (FV):

§ 626 Abs. 3 BGB-FV: *Das Arbeitsverhältnis kann durch den Arbeitnehmer ohne Einhaltung einer Kündigungsfrist gekündigt werden, wenn sich der Arbeitgeber im Zahlungsverzug mit Entgelt in Höhe von insgesamt mindestens einem Monatsentgelt befindet und der Arbeitnehmer dem Arbeitgeber daraufhin eine Zahlungsfrist von mindestens drei Tagen gesetzt hat.*

§ 628 Abs. 2a BGB-FV: *Hat in einem Arbeitsverhältnis der Arbeitgeber die Kündigung des Arbeitnehmers veranlasst, ist der Arbeitgeber zusätzlich zur Zahlung einer angemessenen Entlassungsentschädigung entsprechend §§ 9, 10 KSchG verpflichtet.*

---

7   Insolvenzhandbuch/*Helm* (Rn. 2), Teil 1 Rn. 128.
8   Lohnsicherungskonzept des DGB, *www.dgb.de.*

III. Verzugspauschale

Die allgemeine schuldrechtliche Verzugspauschale von derzeit 40 Euro nach
§ 288 Abs. 5 BGB wird vom *BAG* für arbeitsrechtliche Forderungen nicht angewendet.[9] Dies sollte durch eine gesetzliche Einbeziehung von Lohnrückständen korrigiert werden.

Der *DGB* fordert, dass der Anspruch auch Arbeitnehmer*innen bei Lohnrückständen sowie bei rückständigen weiteren Entgeltbestandteilen wie zum Beispiel Sachbezügen oder Beiträgen zur betrieblichen Altersvorsorge zusteht.[10]

Eigener Formulierungsvorschlag (FV):

§ 288 Abs. 5 S. 2 BGB-FV: Das gilt auch, wenn es sich *um eine Entgeltforderung
aus einem Arbeitsverhältnis einschließlich Sachbezügen und Beiträgen zur betrieblichen Altersversorgung oder* eine Ratenzahlung handelt.

IV. Gleichwohlgewährung des Arbeitslosengeldes

Wenn der Arbeitnehmer sein Zurückbehaltungsrecht ausübt, kann er Arbeitslosengeld im Wege der Gleichwohlgewährung (§ 157 Abs. 3 SGB III) beziehen.
Seine bei berechtigter Leistungsverweigerung fortbestehenden Entgeltansprüche gehen auf die Bundesagentur für Arbeit (BA) über (§ 115 Abs. 1 SGB X).
Nur eine tatsächliche Zahlung des Arbeitgebers an die BA macht die Anspruchsdauerminderung (§ 148 Abs. 1 Nr. 1 SGB III) wieder rückgängig, so
dass der Arbeitnehmer „genötigt" ist, wenn die BA nicht selbst aktiv wird, qua-
si gratis und auf eigenes Risiko Inkassodienste für die BA zu erbringen.[11] Derzeit hat der betroffene Arbeitnehmer nämlich keinen sozialrechtlichen Anspruch gegen die BA darauf, dass diese die auf sie übergegangenen Entgeltansprüche einzieht bzw. beitreibt und damit die Anspruchsdauer des Arbeitslo-
sengeldes wieder entsprechend erhöht. Oft unterlässt es die BA, den Anspruch
beizutreiben, was zu unbefriedigenden Konstruktionen wie „gewillkürten Pro-
zessstandschaften" führt, bei denen die Arbeitnehmer die Forderungen für die
BA eintreiben müssen, um ihren Alg-Anspruch „zurückzubekommen". Anstel-
le dieser kuriosen und unerfreulichen Situation sollte der Arbeitnehmer – wie
es der *DGB* zurecht fordert[12] – einen gesetzlich geregelten sozialrechtlichen
Anspruch gegen die BA erhalten, mit dem diese verpflichtet wird, auf seinen

---

9   BAG 25.9.2018 – 8 AZR 26/18, Rn. 23ff.
10   Lohnsicherungskonzept des DGB, *www.dgb.de*.
11   Vgl. Insolvenzhandbuch/*Helm* (Rn. 2) Teil 1 Rn. 124.
12   Lohnsicherungskonzept des DGB, *www.dgb.de*.

Antrag die übergegangenen Forderungen notfalls durch Klageerhebung beizutreiben; anderenfalls gilt die Anspruchsdauerminderung als nicht erfolgt.

Eigener Formulierungsvorschlag (FV):

§ 157 Abs. 4 SGB III-FV: *Auf Antrag des Arbeitslosen hat die BA in den Fällen des Abs. 3 S. 1 die auf sie übergegangenen Forderungen beizutreiben. Erteilt sie dem Arbeitslosen nicht innerhalb einer Frist von einem Monat ab der Antragstellung eine schriftliche Bestätigung, dass sie den Einzug der übergegangenen Forderungen übernimmt, so gilt die Minderung der Anspruchsdauer als nicht erfolgt. Das Gleiche gilt, wenn sie dem Arbeitslosen nicht innerhalb einer Frist von drei Monaten ab der Antragstellung die ordnungsgemäßen Anstrengungen zur Beitreibung der Forderungen einschließlich Klageerhebung vor einem zuständigen Gericht nachweist.*

V. Ausweitung des Insolvenzgeldzeitraums und der Insolvenzereignisse

Das Insolvenzgeld gibt nach geltendem Recht eine gesetzliche Lohnsicherung für maximal drei Monate. Es wird durch eine Arbeitgeberumlage finanziert und ist eine Lohnersatzleistung, die als Teil des Sozialrechts öffentlich-rechtlich geregelt ist (Sozialleistung). Sie setzt die EU-Richtlinie zum Schutz der Arbeitnehmer bei Zahlungsunfähigkeit des Arbeitgebers (RL 2008/94/EG) um. Die Richtlinie steht einem besseren Schutzniveau zugunsten der Arbeitnehmer*innen nicht entgegen.

Die Bezugsdauer für das Insolvenzgeld sollte – wie im Lohnsicherungskonzept des *DGB* gefordert[13] – von 3 auf 6 Monate erhöht werden. Die Forderung nach einer Ausweitung des Insolvenzgelds auf 6 Monate wird auch aus Insolvenzverwalterkreisen (vgl. den Tagungsbeitrag von *Andreas Engelmann*, dort auch weitere Erwägungen und Vorschläge) erhoben. Das würde den notwendigen sozialen Schutz der Arbeitnehmer verbessern und als rechtlich zulässigen[14] Nebeneffekt auch Vorfinanzierungen zugunsten der betroffenen Arbeitnehmer, der Arbeitsplätze und der Insolvenzmasse weiter erleichtern.

Außerdem sollte Insolvenzgeld auch bei einer Folgeinsolvenz nach einem gescheiterten Insolvenzplan zu zahlen sein und im Fall von Lohnrückständen bei Masseunzulänglichkeit. Angezeigte Masseunzulänglichkeit (§ 208 InsO) ist

---

13 *www.dgb.de.*
14 Zur unionsrechtlichen Ungeklärtheit dieser Frage vgl. den Beitrag von *Engelmann.*

nach geltendem Recht kein Insolvenzereignis[15], obwohl sie für die betroffenen Arbeitnehmer wie eine „Insolvenz in der Insolvenz" wirkt, weil die Lohnrückstände meist nicht mehr realisierbare Altmasseverbindlichkeiten darstellen.

Eigene Formulierungsvorschläge (FV):

§ 165 Abs. 1 SGB III-FV: Arbeitnehmerinnen und Arbeitnehmer haben Anspruch auf Insolvenzgeld, wenn sie im Inland beschäftigt waren und bei einem Insolvenzereignis für die vorausgegangenen *sechs* Monate des Arbeitsverhältnisses noch Ansprüche auf Arbeitsentgelt haben. Als Insolvenzereignis gilt

1. die Eröffnung des Insolvenzverfahrens über das Vermögen des Arbeitgebers,
2. die Abweisung des Antrags auf Eröffnung des Insolvenzverfahrens mangels Masse oder
3. die vollständige Beendigung der Betriebstätigkeit im Inland, wenn ein Antrag auf Eröffnung des Insolvenzverfahrens nicht gestellt worden ist und ein Insolvenzverfahren offensichtlich mangels Masse nicht in Betracht kommt.

Auch bei einem ausländischen Insolvenzereignis haben im Inland beschäftigte Arbeitnehmerinnen und Arbeitnehmer einen Anspruch auf Insolvenzgeld.

§ 165 Abs. 1a SGB III-FV: *Nach einem gescheiterten Insolvenzplan wird bei einem Folgeinsolvenzereignis entsprechend Abs. 1 ein erneuter Anspruch auf Insolvenzgeld erworben.*

Im Rahmen dieses Beitrags wird noch keine Formulierung für den Fall der Masseunzulänglichkeit vorgeschlagen; hier wäre später noch eine ergänzende Formulierung für den Fall der Masseunzulänglichkeit zu finden.[16]

§ 165 Abs. 3 SGB III-FV: Hat eine Arbeitnehmerin oder ein Arbeitnehmer in Unkenntnis eines Insolvenzereignisses weitergearbeitet oder die Arbeit aufgenommen, besteht der Anspruch auf Insolvenzgeld für die dem Tag der Kenntnisnahme vorausgegangenen *sechs* Monate des Arbeitsverhältnisses.

§ 165 Abs. 5 SGB III-FV: Der Arbeitgeber ist verpflichtet, einen Beschluss des Insolvenzgerichts über die Abweisung des Antrags auf Insolvenzeröffnung

---

15   Bayrisches LSG 23.2.2006 – L 9 AL 367/03, Rn. 17ff., noch zu § 183 Abs. 1 S. 1 SGB III a.F.
16   Zur Auslegung des Begriffs „soweit" als maßgeblichen Zuordnungszeitpunkt in § 209 Abs. 2 Nr. 3 InsO siehe unter IV.1.

mangels Masse *sowie einen zuvor gescheiterten Insolvenzplan oder die Anzeige der Masseunzulänglichkeit gemäß § 208 InsO* dem Betriebsrat oder, wenn kein Betriebsrat besteht, den Arbeitnehmerinnen und Arbeitnehmern unverzüglich bekannt zu geben.

VI. Krisengeld

Zusätzlich hält der *DGB* die Einführung einer neuen Sozialleistung für geboten, nämlich eines Krisengeldes,[17] das ähnlich dem Insolvenzgeld aber insolvenzunabhängig bei Zahlungsrückständen einspringt und einen Entgeltersatz bietet, der gerade in Krisenzeiten einen Beitrag zur Entspannung der wirtschaftlichen Lage der betroffenen Arbeitnehmer*innen leistet. Eine solche Ausweitung ist nach Art. 11 Abs. 1 der Zahlungsunfähigkeitsrichtlinie (RL 2008/94/EG) unionsrechtlich zulässig.

Statt des Insolvenzereignisses wäre lediglich Zahlungsverzug des Arbeitgebers von mindestens einem Monatsentgelt erforderlich. Ansonsten würde wie beim Insolvenzgeld das Nettoentgelt für bis zu sechs[18] Monate gesichert und die entsprechende Entgeltforderung gegen den Arbeitgeber auf den Träger der Sicherung (z.B. die BA) übergehen, so dass im Wesentlichen nur vorfinanziert werden muss – allerdings unter Übernahme des Insolvenzrisikos durch die Sicherungseinrichtung.

Eigener Formulierungsvorschlag (FV):

§ 165a SGB III-FV:

Krisengeld

Die Bestimmungen über das Insolvenzgeld nach §§ 165 bis 172 SGB III finden mit der Maßgabe entsprechende Anwendung, dass an die Stelle eines erforderlichen Insolvenzereignisses ein Zahlungsverzug des Arbeitgebers mit mindestens einem Monatsentgelt tritt.

---

17   Lohnsicherungskonzept des *DGB, www.dgb.de*; zuvor gab es bereits einen unveröffentlichten Vorschlag der *IG Metall* zu einem speziellen „Krisengeld" als Kompensation der befristeten und dann ausgelaufenen Gläubigerantragssperre nach dem ersten COVInsAG.

18   Bei Ausweitung des Bezugszeitraums für Insolvenzgeld, vgl. unter I.5.

B. Weitere Probleme und rechtspolitische Lösungsvorschläge

Außer den im Lohnsicherungspaket des *DGB*[19] angesprochenen Themen sind noch weitere Probleme bzw. Sicherungslücken erkennbar.

I. Insolvenzgeld II

Wegen der mangelhaften Absicherung von Arbeitszeitkonten, rückzahlbaren Sanierungsbeiträgen, Altersteilzeitwertguthaben, Urlaubsentgelt und -abgeltung und Abfindungen ist rechtspolitisch an die Schaffung eines neuen „Insolvenzgeld II" zu denken, um diese Forderungen im Insolvenzfall über eine gesetzliche Garantieeinrichtung wie beim Insolvenzgeld abzusichern; dazu im Folgenden II. bis VI.; vgl. insgesamt dazu auch die Ausführungen, Anregungen und Vorschläge im Tagungsbeitrag von *Andreas Engelmann*. Um den unionsrechtlich geschützten Anspruch auf bezahlten Urlaub sicherzustellen, sollte jedenfalls gesetzlich klargestellt werden, dass Urlaubsvergütungen als Masse- bzw. Neumasseverbindlichkeiten zu bezahlen sind.

II. Arbeitszeitkonten

Die insolvenzrechtliche Zuordnung zu den Insolvenzforderungen, Masse-, Alt- und Neumasseverbindlichkeiten richtet sich nach dem Erarbeitungsprinzip und den entsprechenden Entgeltfortzahlungstatbeständen (z. B. Arbeitsunfähigkeit, Feiertagsentgelt, Urlaub). Das Insolvenzgeld sichert zusätzlich zum im Insolvenzgeldzeitraum Erarbeiteten auch bezahlte Freizeitentnahme aus dem Arbeitszeitkonto ab. Eine Ausweitung der Insolvenzgeldsicherung auf das gesamte Guthaben aus diesem Konto wäre durch Gesetzgebung möglich, würde aber den üblichen Zuordnungsgrundsätzen zuwiderlaufen. Was *de lege lata* nicht durch das Insolvenzgeld gesichert ist, kann nur durch privatrechtliche Insolvenzsicherung (Kreditsicherungsrecht) gesichert werden. Für flexible Arbeitszeitmodelle gilt aber nicht die Sicherungspflicht nach § 7e SGB IV oder nach § 8a ATG. Es handelt sich nicht um Altersteilzeit und § 7e SGB IV gilt nur für verschiedene Formen von Langzeitkonten und nicht für die üblichen Arbeitszeitkonten zur flexiblen Arbeitszeitgestaltung.[20]

---

19   Lohnsicherungskonzept des *DGB*, *www.dgb.de*.

20   Vgl. Tagungsbeitrag von *Engelmann*.

Bei Langzeitkonten gibt es eine Organvertreterhaftung nach § 7e Abs. 7 S. 2 SGB IV. Strittig ist allerdings, ob es einen klagbaren Sicherungsanspruch des Arbeitnehmers gegen den Arbeitgeber gibt.[21] Das sollte, solange kein wirksameres gesetzliches Sicherungsmodell vorhanden ist, entsprechend den Regelungen in § 8a ATG klargestellt werden, wie auch im Lohnsicherungspaket des *DGB* gefordert.[22]

Jedenfalls erscheint eine Sicherung über ein neu zu schaffendes Insolvenzgeld II als sinnvoller Lösungsweg. *Andreas Engelmann* schlägt in seinem Tagungsbeitrag eine dem Pensionssicherungsverein a.G. (PSVaG) ähnliche Sicherung vor.

III. Sanierungsvereinbarungen

Beschäftigungssicherungsvereinbarungen – auch in Tarifverträgen – bergen Insolvenzrisiken. Im eröffneten Insolvenzverfahren durchbricht § 113 S. 1 InsO den vereinbarten Ausschluss betriebsbedingter Kündigungen, womit die „Sanierungsbeiträge" der Arbeitnehmer sich in diesen Fällen letztlich als sinnlos erwiesen haben. Eine Klausel, nach der der Status quo *vor* den „Beiträgen", also z.B. vor den Absenkungen gegenüber dem sonst geltenden Tarifniveau, rückwirkend wiederhergestellt wird und entsprechende Zahlungsansprüche ausgelöst werden, ist zwar arbeits- und sozialrechtlich wirksam.[23] Durch das Insolvenzgeld gesichert ist aber nur der Teil, der auf den derzeit dreimonatigen Insolvenzgeldzeitraum entfällt. Der Rest eines möglicherweise langen Abweichungszeitraums wird nach der Rspr. der Erarbeitungszeit vor der Insolvenzeröffnung zugeordnet und stellt daher nach Eröffnung nur Insolvenzforderungen dar. Eine vereinbarte privatrechtliche Insolvenzsicherung fehlt in aller Regel, es gibt insoweit auch keine gesetzliche Sicherungspflicht.

Differenzforderungen einer Sanierungsrückabwicklung sollten daher, soweit sie nicht dem Insolvenzgeldzeitraum zuzuordnen ist, durch ein neues Insolvenzgeld II gesichert werden.

---

21 Insolvenzhandbuch/*Wroblewski* (Rn. 2), Teil 1 Rn. 13.
22 Lohnsicherungskonzept des *DGB*, *www.dgb.de*.
23 Insolvenzhandbuch/*Wroblewski* (Rn. 2), Teil 3 Rn. 70.

IV. Altersteilzeit (Blockmodell)

Probleme bereitet in der Praxis, dass die Sicherungspflicht in § 8a ATG nur für das Wertguthaben, nicht aber für die Aufstockungsbeträge besteht und damit nicht das ganze Altersteilzeitentgelt betrifft. Außerdem fehlt in § 8a ATG eine Organvertreterhaftungsnorm wie in § 7e VII SGB IV.[24] Die Einbeziehung in ein Insolvenzgeld II erscheint hier allerdings nicht als interessengerecht, da Arbeitgeber, die keine Altersteilzeit anbieten, nicht sinnvoll für das Insolvenzrisiko anderer Arbeitgeber, die sich für diese Einrichtung entschieden haben, in die Pflicht genommen werden können. Stattdessen wäre neben einer Aufwertung der Entgeltforderungen der Freistellungsphase zu Masseverbindlichkeiten die Sicherung durch eine Garantieeinrichtung nach Art des PSVaG[25] sachgerechter,[26] da deren Finanzierung auf Unternehmen bzw. Arbeitgeber mit Altersteilzeit beschränkt werden kann (vgl. § 10 BetrAVG).

V. Abfindungen und Sozialplanabfindungen

Abfindungen, die vor der Insolvenzeröffnung vereinbart worden sind, sind generell nur Insolvenzforderungen. Wurde die Abfindung nicht gezahlt, besteht nach der Rspr. des *BAG* oft auch kein Rücktrittsrecht vom Aufhebungsvertrag. Zum Sozialplan in der Insolvenz könnte man fragen: Ist § 123 Abs. 2 S. 1 InsO nicht schon ein Arbeitnehmerprivileg, weil im Gesetz von „Masseverbindlichkeiten" die Rede ist?[27] Dagegen spricht, dass es auf den Zeitpunkt der Vereinbarung des Sozialplans ankommt,[28] und der liegt im Fall des Insolvenzsozialplans gemäß § 123 InsO notwendigerweise nach der Insolvenzeröffnung, was nach allgemeinen Grundsätzen für die Begründung von Masseverbindlichkeiten spricht. Auf den Zugang der jeweiligen Kündigung oder den Zeitpunkt der Betriebsänderung kommt es hingegen nicht an, aus ihnen folgt nicht die für die Zuordnung maßgebliche schuldrechtliche Grundlage[29] des Abfindungsanspruchs, dafür ist die Abfindungsregelung maßgeblich, erst durch sie wird der Schuldgrund („schuldrechtlicher Organismus") geschaffen.[30] Außerdem handelt es sich *de lege lata* nicht um Masseverbindlichkeiten gemäß § 55 InsO, sondern mangels Durchsetzbarkeit (§ 123 Abs. 3 S. 2 InsO) und der relativen Beschränkung auf 1/3 der freien Masse (§ 123 Abs. 2 S. 2 und 3 InsO) unbescha-

---

24 Insolvenzhandbuch/*Wroblewski* (Rn. 2), Teil 1 Rn. 11, 17; Teil 3 Rn. 223ff., 238f.

25 Zum PSVaG vgl. Insolvenzhandbuch/*Schminke* (Rn. 2), Teil 3 Rn. 309.

26 So auch im Tagungsbeitrag von *Engelmann*.

27 So: *Doebert*, Die Insolvenzanfechtung von Lohnzahlungen (2016), S. 58.

28 *BAG* 14.3.2019 – 6 AZR 4/18, Rn. 15f.; a.A. *Sämisch/Quitzau*, ZInsO 2019, 2403.

29 *BGH* 22.9.2011 – IX ZB 121/11, Rn. 3.

30 Insolvenzhandbuch/*Wroblewski* (Rn. 2), Teil 3 Rn. 9, 12.

det der gesetzgeberischen *falsa demonstratio* in § 123 Abs. 2 S. 1 InsO um eine durch die Drittelregelung bevorzugte, aber nicht einmal mit absolutem Vorrang zu befriedigende Insolvenzforderung. Im Fall der Masseunzulänglichkeit ist demzufolge nach § 209 Abs. 1 Nr. 3 InsO sogar der Schuldnerunterhalt vorrangig. Das macht Sozialplanabfindungen oft dysfunktional, da die aus der Betriebsänderung resultierenden Entlassungsfolgen nicht zur rechten Zeit also mit Ende des Arbeitsverhältnisses ausgeglichen oder gemildert werden (vgl. § 112 Abs. 1 S. 2 BetrVG) – eine der schlimmsten sozialen Schwachstellen der InsO!

Sogar wenn die relative Grenze (§ 123 Abs. 2 S. 2 und 3 InsO[31]) und das Vollstreckungsverbot (§ 123 Abs. 3 S. 2 InsO) gestrichen und damit echte Masseverbindlichkeiten gemäß § 55 InsO begründet würden, bliebe die Gefahr der Masseunzulänglichkeit. Daher wäre eine zusätzliche sozialrechtliche Absicherung im Rahmen eines Insolvenzgeld II angebracht. Weitere Ausführungen und Anregungen zur Problematik finden sich im Tagungsbeitrag von *Wolfgang Däubler*.

VI. Urlaub und Sonderzahlungen

Der Urlaubsanspruch bleibt als Anspruch auf bezahlte Freistellung von der Insolvenzeröffnung unberührt. Rückständiges Urlaubsgeld genießt hingegen nur unzureichenden Schutz, der davon abhängt, wie die Urlaubsgeldregelung ausgestaltet ist (anteiliger, gezwölftelter Anspruch; „Alles-oder nichts"-Prinzip bei der Zuordnung zum Entstehungstag; urlaubsakzessorische Zuordnung).[32] Das Gleiche – außer der akzessorischen Zuordnung – gilt für Jahressonderzahlungen (Weihnachtsgeld).[33] In beiden Fällen ist eine privatrechtliche Insolvenzsicherung im Arbeitsverhältnis regelmäßig unrealistisch, so dass sich auch hier die Frage der Einbeziehung in ein neues Insolvenzgeld II stellt.

Urlaubsabgeltungen sind nach geltendem Recht nicht durch das Insolvenzgeld gesichert.[34] Sie sollten sinnvollerweise in die Sicherung durch das neu zu schaffende Insolvenzgeld II einbezogen werden.

---

31 Um eine Ausweichbewegung bei der Bemessung zu verhindern, müsste die absolute Beschränkung (§ 123 Abs. 1 InsO), wenn man sie denn beibehält, gleichzeitig zur Untergrenze erhoben werden.
32 Insolvenzhandbuch/*Wroblewski* (Rn. 2), Teil 3 Rn. 88ff.
33 Insolvenzhandbuch/*Wroblewski* (Rn. 2), Teil 3 Rn. 100ff.
34 Insolvenzhandbuch/*Wroblewski* (Rn. 2), Teil 3 Rn. 92.

C. Ausschluss der Entgeltanfechtung

I. Lückenhafter Schutz

Der Schutz der Arbeitnehmer vor Insolvenzanfechtung ist nach wie vor lückenhaft. Das betrifft vor allem durch Vollstreckung beigetriebenes Entgelt und andere Fälle *inkongruenter Deckungen*. Diese sind nach wie vor auch gegenüber Arbeitnehmern leichter anfechtbar als kongruente Deckungen. Nach h.M. gilt insbesondere das Bargeschäftsprivileg für sie nicht.

Der *DGB* fordert wie die IG Metall seit langem, nunmehr auch im Lohnsicherungskonzept, ein spezielles Entgeltanfechtungsprivileg für Zahlungen oder Sicherheiten zugunsten von Arbeitnehmer*innen.[35]

Das *BAG* hat für die Anfechtung *kongruenter Deckungen* erwogen, den Anfechtungsanspruch auf den die Pfändungsfreigrenze überschreitenden Teil zu begrenzen, dies mittlerweile jedoch insgesamt abgelehnt.[36] Nach jüngster Rechtsprechung des *BAG* ist auch der gesetzliche Mindestlohn nicht vor Anfechtung geschützt.[37] Die zurückgezahlten Arbeitsentgelte können lediglich als Insolvenzforderungen zur Tabelle angemeldet werden.

II. Legislatorischer Handlungsbedarf

Der gesetzliche Ausschluss von Entgeltanfechtungen gegenüber Arbeitnehmer*innen ist politisch und wirtschaftlich geboten. Tatsächlich stellen angefochtene Entgeltzahlungen nur einen geringen Teil der Insolvenzmasse dar. Sie belasten aber unnötig das Verhältnis zur Arbeitnehmerseite und beeinträchtigen damit auch die Fortführungschancen des Unternehmens.

III. Europäische Ebene

Im Richtlinienentwurf der EU-Kommission vom 7.12.2022 zur Harmonisierung bestimmter Aspekte des Insolvenzrechts – 2022/0408 (COD) – (im Folgenden: „*RL-Entwurf*") ist ein ausführliches und kompliziertes, der deutschen InsO nachempfundenes Anfechtungsrecht vorgesehen (Teil 2, Art. 4 ff. des Ent-

---

35 Lohnsicherungskonzept des DGB, www.dgb.de; Entschließung 2, Punkt 2.2.2.2. des 24. Ordentlichen Gewerkschaftstags der IG Metall.

36 BAG 25.5.2022 – 6 AZR 497/21.

37 BAG 25.5.2022 – 6 AZR 497/21, Rn. 38 ff.

wurfs). Dies enthält keine Ausnahmen zugunsten von Arbeitnehmern, nicht einmal eine Öffnungsklausel für mitgliedstaatliche Regelungen, womit sogar die kleinen Rechtsfortschritte in § 142 Abs. 2 InsO in Frage gestellt werden. Andererseits bleiben die diversen Vorrangregelungen für bestimmte Gläubigergruppen in den nationalen Rechtsordnungen anderer EU-Staaten unberührt – neben Arbeitnehmerprivilegien zum Beispiel Fiskus-Vorrechte. Das bedeutet, dass, wenn die Richtlinie so käme, in Deutschland mit § 142 Abs. 2 InsO jeder noch so geringe spezifisch insolvenzrechtliche Sonderschutz vor Insolvenzanfechtungen für Arbeitnehmerforderungen beseitigt werden müsste, während in anderen Mitgliedstaaten über Anfechtungsprivilegien noch weit hinausgehende direkte Vorrangregelungen einschließlich Fiskus-Privilegien weitergelten könnten[38], was die Insolvenzmasse viel stärker belastet und weniger gerechtfertigt erscheint, als ein reines Arbeitnehmeranfechtungsprivileg (zum Verhältnis von Anfechtbarkeit und Vorrang unten D. IV.). Im Ergebnis liefe das in dieser Frage also auf das *Gegenteil einer Harmonisierung* hinaus.

Klar sein sollte jedenfalls, dass eine Harmonisierung im Rahmen der EU nicht bedeutet, von den anderen Mitgliedstaaten einfach die Übernahme der deutschen InsO zu fordern,[39] auch wenn sich die Kommission für das Anfechtungsrecht als solches in diese Richtung entschieden zu haben scheint. Für eine unionsweite Harmonisierung empfiehlt sich stattdessen ein exklusives Arbeitnehmeranfechtungsprivileg. Damit würde auch die selbstgestellte Aufgabe der EU weiterverfolgt, die in der geltenden Fassung der EuInsVO vom 20.5.2015, Verordnung (EU) 2015/848,[40] im verbindlichen Erwägungsgrund Nr. 22 benannt ist: „...Bei der nächsten Überprüfung dieser Verordnung wird es erforderlich sein, weitere Maßnahmen zu ermitteln, um die Vorrechte der Arbeitnehmer auf europäischer Ebene zu verbessern." Der *RL-Entwurf* bedarf hier dringend der Korrektur.

IV. Verfassungsrechtliche Ebene

Nach dem Grundgesetz ist die Abschaffung der Entgeltanfechtung gegenüber Arbeitnehmern ohne weiteres zulässig, was offenbar auch das *BAG* so sieht:

„Ob das Arbeitsentgelt insgesamt anfechtungsfrei zu stellen ist, ist ... keine Frage des Verfassungsrechts, sondern eine rechtspolitische Entscheidung, die allein vom Gesetzgeber getroffen werden könnte."[41]

---

38 In Italien gibt es allerdings zusätzlich zum Vorrang ein Anfechtungsprivileg, das dann entfiele (vgl. den Beitrag von *Sutterer-Kipping*).

39 Vgl. *Paulus/Dammann*, ZIP 2018, 249.

40 Erwägungsgrund 2 des RL-Entwurfs beruft sich ausdrücklich auf diese Verordnung.

41 BAG 25.5.2022 – 6 AZR 497/21, Rn. 37.

Arbeitnehmer sind besonders schutzwürdig, sie können regelmäßig ihr Insolvenzrisiko anders als Banken und andere Großgläubiger nicht durch Sicherungsrechte minimieren. Auch ist ihnen nicht als Quasiobliegenheit zuzumuten, einen frühzeitigen Insolvenzantrag gegen ihren Arbeitgeber zu stellen.

Ohnehin erleiden Beschäftigte in Unternehmensinsolvenzen große wirtschaftliche Einbußen durch den Verlust des Arbeitsplatzes. Neben dem Risiko der Arbeitslosigkeit steht der Lohnverlust durch eine anschließende Beschäftigung in einem schlechter entlohnenden Betrieb, besonders für Beschäftigte in größeren Betrieben ab 100 Beschäftigten.[42]

Das Sozialstaatsprinzip des Grundgesetzes rechtfertigt einen Sonderschutz, wie ihn auch das Arbeits- und Sozialrecht gewähren. Die Beschäftigten müssen von abhängiger Arbeit leben, deren Ergebnisse ihnen bis auf den Lohn nicht zustehen, so dass sie für eine Absicherung von Insolvenzrisiken keine Rücklagen bilden können. Das Sozialstaatsprinzip zu verwirklichen, ist in erster Linie Aufgabe des Gesetzgebers,[43] der dabei einen weiten Gestaltungsspielraum hat. Gegenüber der Insolvenzanfechtung erschiene es als gekünstelt und wenig interessengerecht, eine neue umlagefinanzierte Sozialleistung zur Kompensation von Anfechtungszahlungen einzuführen.[44] Die Finanzierung der Masse durch die Entgeltanfechtung wiederum durch eine Umlage zu refinanzieren, wäre ein unzweckmäßiges Hin- und Herzahlen „im Dreieck". Auch müsste die umlagefinanzierte Garantieeinrichtung die auf sie übergegangenen wiederaufgelebten Entgeltforderungen (§ 144 Abs. 1 InsO) als Insolvenzforderungen zur Tabelle anmelden und erforderlichenfalls weiterverfolgen, um Aussicht auf eine Quotenzahlung zu erlangen.

Viel einfacher und naheliegender erscheint es, der Insolvenzmasse das regelmäßig der Höhe nach zu vernachlässigende „Opfer" eines Arbeitnehmeranfechtungsausschlusses zuzumuten. Das Sozialstaatsprinzip rechtfertigt auch, dass verfassungsrechtlich geschützte Rechtsdurchsetzungschancen anderer Gläubiger durch einen exklusiven Schutz der Arbeitnehmer vor Insolvenzanfechtung eingeschränkt werden. Schließlich haben die anderen Unternehmensgläubiger in der Regel auch von den produktiven Leistungen der Beschäftigten im Betrieb ihres Schuldners profitiert. Sie können demzufolge nicht als „Außenstehende" behandelt werden, die mit dem Betrieb und den Beschäftigten nichts zu tun hatten bzw. haben. Außerdem müssen die Folgen des historisch errungenen Arbeitnehmerschutzes, die sich im Sozialstaatsprinzip nie-

---

42   *Fackler*, Wirtschaftsdienst 2019, 440, 442.
43   Vgl. BVerfGE 1, 97, 105.
44   So aber u.a. *Blank/Blank*, ZInsO 2022, 2217, 2221 (m.w.N.).

dergeschlagen haben, in einer arbeitsteiligen Gesellschaft, die wesentlich mit Hilfe von Arbeitsverhältnissen funktioniert, auch von Drittbetroffenen[45] hingenommen werden.[46]

V. Formulierungsvorschläge

Eigene Formulierungsvorschläge (FV) für ein Arbeitnehmeranfechtungsprivileg:

Für die Harmonisierungsrichtlinie:

Article 4 Nr. 2 2022/0408 (COD)-FV: *Member States shall ensure that avoidance actions not affect and have no impact on existing or future claims or legal acts relating to them of existing or former workers and occupational pension entitlements. These claims and entitlements and legal acts relating to them are excluded from this Title.*

Für die Umsetzung in deutsches Recht:

§ 129 Abs. 3 InsO-FV: *Arbeitsentgelt unterliegt gegenüber Arbeitnehmern nicht der Insolvenzanfechtung.*

Alternativ könnte in Abs. 1 ein S. 2 eingefügt werden:

Zahlungen und sonstige Deckungen von Arbeitsentgelt an Arbeitnehmer gelten als nicht nachteilig für die Gläubiger.

D. Insolvenzrechtliche Rangordnung und Garantieeinrichtungen

I. Ausgangssituation nach geltendem Recht

Zunächst soll klargestellt werden, dass es *de lege lata* in Deutschland keine Vorrangregelungen für Arbeitnehmerforderungen gibt[47] – auch nicht durch die Rechtsprechung des *BAG*! Das *BAG* hat allerdings jüngst eine Ungereimtheit

---

45 Zur vergleichbaren Frage im Arbeitskampfrecht vgl. Däubler/*Hensche*, Arbeitskampfrecht (4. Aufl.), § 18 Rn. 7f.

46 Zum Gestaltungsauftrag des Gesetzgebers und der Rechtfertigung von Eingriffen in die Grundrechte Dritter durch das Sozialstaatsprinzip: BVerfG 13.1.1982 – 1 BvR 848/77, Rn. 67.

47 Zu § 123 Abs. 2 S. 1 InsO vgl. III. 5. und den Beitrag von *Däubler*.

seiner Rechtsprechung bei der Einordnung von Urlaubsvergütung und Sonderzahlungen als Masse- bzw. Neumasseverbindlichkeiten behoben.[48] Das wird in der insolvenzrechtlichen Literatur zu Unrecht kritisiert.[49] Es geht dabei nicht um insolvenzrechtliche Privilegierung,[50] sondern um die Rangzuordnung nach geltendem Insolvenzrecht. Maßgeblich ist dafür der Zeitpunkt der schuldrechtlichen Begründung des jeweiligen arbeitsrechtlichen Anspruchs. Urlaubsvergütungsansprüche werden nach deutschem und europäischem Urlaubsrecht nicht *pro rata temporis* im Urlaubsjahr erarbeitet, sondern mit dem genommenen bzw. abgegoltenen Urlaub begründet.[51] Auch die vom *BAG* vorgenommene Auslegung von „soweit" in § 55 Abs. 2 S. 2 und § 209 Abs. 2 Nr. 3 InsO ist richtig: „Soweit" sich der Verwalter zur Weiterbeschäftigung im Arbeitsverhältnis entschließt, muss er den arbeitsrechtlich determinierten Gesamtwert der Arbeitsleistung inklusive Urlaubsvergütung und Weihnachtsgeld aus der Masse bezahlen. Das Arbeitnehmerschutzprinzip und eine realistische wirtschaftliche Sicht des Gesamtwerts der Arbeitsleistung[52] verbieten es auch im Verhältnis zur Insolvenzmasse und den dahinterstehenden Gläubigerinteressen, die Arbeitsleistung pedantisch und sachwidrig in „produktive" und „unproduktive" Zeitelemente zu zergliedern. Das gilt für die arbeitsrechtlich vorgeprägte Frage nach der Begründung der Schuld. Das Gleiche ergibt sich aus §§ 55 Abs. 2 S. 2 und 209 Abs. 2 Nr. 3 InsO: Wer die Gegenleistung in Anspruch nimmt, muss sie in ihrer Gesamtheit bezahlen. „Soweit" heißt hier nicht „nur in dem Maße wie", sondern „sobald" in der Bedeutung und Funktion einer sowohl konditionalen als auch temporalen Form von „wenn".[53] Unmittelbar ab dem Zeitpunkt („sobald"), ab dem sich der Verwalter durch faktische Entgegennahme der Gegenleistung zum weiterbestehenden Arbeitsverhältnis bekannt hat, findet für die arbeitsrechtlich bestimmte Gesamtleistung eine insolvenzrechtliche irreversible[54] Höherstufung statt. Es handelt sich mithin um eine von der InsO vorgesehene aufschiebend bedingte Rangaufwertung. Das soll am Beispiel der Masseunzulänglichkeit verdeutlicht werden:

---

48 BAG 10.9.2020 – 6 AZR 94/19 (A); 16.2.2021, 9 AS 1/21; Insolvenzhandbuch/*Wroblewski*, Teil 3 Rn. 86, 100a.

49 Z.B. recht alarmistisch *Ries*, INDat-Report 2/2022, 13, 18 ff.

50 So aber *Hützen*, ZInsO 2022, 1947, 1949; *Onusseit*, ZInsO 2022, 1772, 1778.

51 *Zwanziger*, Arbeitsrecht der Insolvenzordnung, § 108 Rn. 38 f.

52 Vgl. zur Kondiktion aufgrund des allgemeinen Weiterbeschäftigungsanspruchs entgegengenommener Arbeitsleistung: *Wroblewski*, AuR 2022, 299, 302.

53 Für Auslegung als „wenn" – allerdings ohne explizite Erwähnung der temporalen Funktion: BAG 23.3.2017 – 6 AZR 264/16, Rn. 33; 10.9.2020 – 6 AZR 94/19 (A), LS 1 und Rn. 51.

54 Vgl. zu § 209 Abs. 2 Nr. 2: Kayser/Thole-*Landfermann*, Heidelberger Kommentar, 9. Aufl., § 209 Rn. 18.

Zeitpunktbestimmte Zuordnung

Ist nach § 208 InsO Massenunzulänglichkeit angezeigt, und werden die Arbeitnehmer sogleich freigestellt und ihnen gekündigt, entstehen gemäß § 209 InsO Altmasseverbindlichkeiten. Wird hingegen gleichzeitig mit der Anzeige die Arbeitsleistung entgegengenommen, entstehen ab diesem Zeitpunkt bis zum Ende des Arbeitsverhältnisses Neumasseverbindlichkeiten. Wird erst freigestellt und dann z.B. eine Woche später doch weiterbeschäftigt, entstehen vom Zeitpunkt („soweit" im Sinne von „sobald") der Weiterbeschäftigung an bis zum Ende des Arbeitsverhältnisses nur noch Neumasseverbindlichkeiten. Eine erneute Freistellung nach Beschäftigungsbeginn, führt dann nicht mehr zurück zu Altmasseverbindlichkeiten. Erst recht kann nicht zwischen Freistellung und Beschäftigung „hin und her gesprungen" werden, um das Arbeitsrecht zu umgehen. Ein Zerpflücken der entgegengenommenen Arbeit, ein „Rosinenpicken" nur der „produktiven Zeitelemente" als vollwertige Neumasseverbindlichkeiten, ist auch vom Insolvenzrecht nicht gedeckt.

Das *BAG* hat die arbeitsrechtlichen Vorfragen und die für alle Gläubiger geltenden Rangvorschriften der InsO korrekt angewendet; das ist keine Privilegierung, kein Arbeitnehmervorrang.

II. Historische Entwicklung

Tatsächliche Arbeitnehmervorrangregelungen waren vor der InsO seit dem frühen Mittelalter auch in Deutschland selbstverständlich (z. B. „Lidlohnvorrechte"). Erstmalig mit der InsO wurden dann aber die Arbeitnehmervorrechte abgeschafft.[55] Die Abschaffung der Arbeitnehmervorrangregelungen (§§ 59 Abs. 1 Nr. 3 a), b), 61 Abs. 1 Nr. 1 KO) der KO bzw. der entsprechenden Vorschriften der GesO mit der InsO zum 1.1.1999 war zwar eine „Herzensangelegenheit" des damaligen Gesetzgebers (beruhend auf Entwürfen des *FDP*-geführten Bundesjustizministeriums der späten Kohlregierung), aber keineswegs unumstritten. So lehnte der *DGB* die Streichung der Arbeitnehmerprivilegien scharf ab. Die *IG Metall* bezeichnete die Änderungen zu Lasten der Arbeitnehmer einschließlich der Beseitigung der „über 100 Jahre alten Konkursvorrechte der Arbeitnehmer" als „rüden Eingriff" in die Rechte der schwächsten Betroffenen, während die Sicherungsgläubiger geradezu liebevoll behandelt würden.[56]

---

55   *Doebert, aaO*, S. 62.
56   Handelsblatt 27.4.1993; *Oberhofer*, Der Gewerkschafter, 1992, 29.

III. Europäische Situation

Der *RL-Entwurf* der Kommission befindet sich seit Dezember 2022 im Rechtssetzungsverfahren. Seit langem fordert der *Europäische Gewerkschaftsbund* die Stärkung des Vorrangs von Arbeitnehmerforderungen ("preferential creditor status"),[57] den es in vielen EU-Mitgliedstaaten nach wie vor in verschiedener Form gibt; vgl. insbesondere zum französischen Recht den Tagungsbeitrag von *Amélie Sutterer-Kipping*. Zum rechtlich verbindlichen Erwägungsgrund Nr. 22 der EuInsVO vom 20.5.2015 vgl. C. III.

IV. Verhältnis von Rangordnung der Forderungen und Insolvenzanfechtung

Die Frage von Vorrangregelungen für Arbeitnehmerforderungen ist logisch zu unterscheiden von der Forderung nach Abschaffung der Insolvenzanfechtung von Arbeitsentgeltzahlungen:

Ein Anfechtungsprivileg würde noch keinen Befriedigungsvorrang hinsichtlich offener Entgeltforderungen bedeuten. Auch ein isolierter Ausschluss der Entgeltanfechtung wäre sachgerecht. Das für die betroffenen Arbeitnehmer oft unerwartete Auftauchen einer durch die Rückzahlungspflicht zur Masse entstehenden weiteren – regelmäßig nicht durch Sozialleistungen kompensierten – Lohnlücke stellt eine besondere Härte dar, die zu einer ohnehin existenziell belastenden Situation hinzutritt. Dies sollte rechtspolitisch unabhängig von der Vorrangfrage ausgeschlossen werden.

Umgekehrt würde ein Vorrang nicht zwangsläufig einen vollständigen Anfechtungsausschluss mit sich bringen. Es besteht aber ein enger Zusammenhang: Eine die Anfechtung begründende Gläubigerbenachteiligung kann bei vorrangigen Entgeltforderungen nur gegenüber höherrangig privilegierten Gläubigern oder gleichermaßen vorrangigen Gläubigern eintreten; die *par conditio creditorum* (dazu sogleich unter V.) wird nur innerhalb dieser Gruppen wiederhergestellt. Damit läge im praktischen Ergebnis bei Arbeitnehmervorrang auch ein weitgehender Anfechtungsausschluss vor. Deshalb existiert das Phänomen der Entgeltanfechtung gegenüber Arbeitnehmern in Ländern mit Vorrangregelungen praktisch nicht (vgl. den Tagungsbeitrag von *Amelie Sutterer-Kipping*). Nach Art. 4 des Harmonisierungs RL-E ist die Anfechtung nur zu-

---

57   Vgl. das Positionspapier vom 15.12.2016 auf der Webseite des ETUC, unter 2.2, *https://www.etuc.org/ en/document/etuc-position-protecting-workers-context-commission-proposal-directive-preventive*, zuletzt abgerufen 5.1.2023.

gunsten der Gläubigergesamtheit zulässig; damit wäre eine Anfechtung gegenüber privilegierten Gläubigern auch zugunsten gleich- und höherrangiger Gläubiger ausgeschlossen.

V. Verfassungsrechtliche Ebene und Prinzip der Gläubigergleichbehandlung

Verfassungsrechtlich wäre auch in Deutschland ein Vorrang für Arbeitnehmerforderungen ohne weiteres zulässig.[58] Wie es *Reinhard Bork* treffend sagt: „Die Gläubigergleichbehandlung ist ein wichtiger und tragender Aspekt des Insolvenzrechts ...aber ... natürlich nicht der einzige Wertungsgesichtspunkt. Es kann höherrangige Rechtsgüter geben, die Ausnahmen rechtfertigen. In vielen Staaten dieser Erde geschieht das, indem Verteilungsprivilegien geschaffen werden, etwa für Arbeitnehmer ... Der Gesetzgeber ist beispielsweise frei, Arbeitnehmer dadurch zu schützen, dass er ihren Forderungen auf Zahlung rückständiger Löhne einen privilegierten Rang zuweist, wie es zur Zeit des deutschen Konkursrechts in § 61 Abs. 1 Nr. 1 KO geschehen ist."[59]

Ein Arbeitnehmervorrang würde auch nicht gegen den Grundsatz aller regulären Insolvenzverfahren, die *par conditio creditorum*, verstoßen. Diese ist schlicht das Verfahrensprinzip des Konkurs- bzw. Insolvenzverfahrens als Gesamtvollstreckung im Unterschied zur Einzelzwangsvollstreckung mit Prioritätsgrundsatz. Das galt bereits im Rahmen der KO und gilt in anderen Ländern unbeschadet von Vorrangregelungen. Eine begriffsjuristische und dogmatisch wirtschaftsliberale Überhöhung zu einem politischen Tabu lässt sich daraus nicht begründen. Zum Sozialstaatsprinzip als Rechtfertigung von Grundrechtseingriffen zu Lasten anderer Gläubiger vgl. oben C. IV.

VI. Exklusiver Arbeitnehmervorrang

In der Diskussion vor der Einführung der InsO wurde die Beibehaltung allein der Arbeitnehmervorrangregeln nach § 61 Abs. 1 Nr. 1 KO gefordert, also ein *exklusives Arbeitnehmerprivileg.*[60] Heute wäre das ein möglicher Harmonisierungsschritt auf europäischer Ebene, wenn die Rangfrage angegangen würde, was wegen ihrer Verzahnung mit der Anfechtungsfrage (dazu C. III. + D. IV.) früher oder später zu erwarten ist. Auf Basis der in der Richtlinie über den prä-

---

58 A.A. *Bauer*, DZWIR 2007, 188 ff. und *Doebert*, aaO, S. 325: Verstoß gegen Art. 14 Abs. 1 GG zu Lasten der benachteiligten Gläubiger.

59 *Bork*, ZIP 2014, 797, 799f.

60 Alternativentwurf des *Gravenbrucher Kreises* zum Regierungsentwurf der InsO, ZIP 1993, 625, 628f.

ventiven Restrukturierungsrahmen eingeräumten Regelungsmöglichkeit wurden in §§ 4 S. 1 Nr. 1, 49 Abs. 2 StaRUG weitreichende Arbeitnehmerprivilegien geschaffen, die auch für Restrukturierungssachen mit „gesamtverfahrensartigen Zügen" (vgl. § 93 Abs. 1 S. 1 StaRUG) gelten, mithin auch, wenn sie einer Eigenverwaltung nach der InsO gleichkommen. Grund hierfür ist u.a., dass der Gesetzgeber die Beschäftigten für so bedeutend für eine Betriebsfortführung hält, dass ihre Außenstände keinen Eingriffen ausgesetzt sein sollen.[61] Im aktuellen *RL-Entwurf* der Kommission finden sich generell keine Regelungen zur Vorrangfrage, so dass diese Frage den Mitgliedstaaten vorbehalten bleibt, bis auf – bezeichnenderweise – ein verbindliches Superprivileg zugunsten von Kreditgebern von Zwischenfinanzierungen in Art. 33 Abs. 1 Buchst. b) des Entwurfs.

Ein exklusives Arbeitnehmerprivileg würde unionsweit die weitgehende Auszehrung der Masse durch Fiskus-Privilegien vermeiden. Es würde regelmäßig nur geringe Masseeinbußen zur Folge haben, dem in der EU zu fördernden sozialen Fortschritt dienen und der Motivation der Belegschaften weniger abträglich sein, als das heute in Deutschland geltende Recht der InsO.

VII. Verhältnis von Vorrangregelungen zu Garantieeinrichtungen

Damit stellt sich noch die Frage, in welchem Verhältnis dies zu Garantieeinrichtungen wie dem Insolvenzgeld stehen würde. Wegen der EU-Zahlungsunfähigkeitsrichtlinie (RL 2008/94/EG) ist, unabhängig von der Vorrangfrage, immer eine gesetzlich garantierte Absicherung entsprechend dem Insolvenzgeld oder dem PSVaG erforderlich; in Ländern mit Arbeitnehmerprivileg also zusätzlich zum Vorrang. Aus Sicht der betroffenen Arbeitnehmer kommt es auf schnelle, sichere und vollständige Zahlung des Entgelts oder einer Entgeltersatzleistung an. Vorrangregelungen wären ohne flankierenden Schutz durch eine Garantieeinrichtung nicht ausreichend, um die genannten Sicherungsbedürfnisse zu befriedigen. Auch die Befriedigung von Vorrangforderungen ist nicht sicher. Vor allem erfolgen Verteilungen auf Insolvenzforderungen für diese Zwecke regelmäßig viel zu spät, woran der Vorrang nichts ändern würde. Sichernde Garantieeinrichtungen sind mithin sachlich und rechtlich unerlässlich.

Eine Kombination von Vorrangregelung und gesetzlichen Garantieeinrichtungen erscheint als „Königsweg" der Lohnsicherung in der Arbeitgeberinsolvenz. Exklusiver Arbeitnehmervorrang und Entgeltanfechtungsprivileg würden

---

61 Braun/*Esser*, StaRUG, § 4 Rn. 4.

zwar eine gewisse Reduzierung von Insolvenzmassen bewirken. Aber wie ich aus Vieraugengesprächen mit Insolvenz-Praktikern weiß, vermeidet man die Entgeltanfechtung ohnehin, soweit es eben geht. Es ist auch wahrlich keine gute Idee, wegen eines regelmäßig unerheblichen Betrags unnötige Frustration bei den Arbeitnehmern hervorzurufen, auf deren Motivation und Bemühungen der Betrieb in der Vergangenheit angewiesen war – und nach Sanierung in der Zukunft angewiesen sein wird. Das lässt sich *cum grano salis* auf die Vorrangfrage übertragen. So sehen es ja offenbar auch Praktiker in Ländern mit gesetzlichen Arbeitnehmervorrangregelungen. Beispielsweise hält ein britischer Managementberater im Internet die englischen Arbeitnehmervorrechte ganz selbstverständlich für gerechtfertigt: „Employees of the company are given higher priority as these people put their time and effort into the company."[62] Die Beschäftigten haben ihre Zeit und ihre Anstrengungen in die Company gesteckt, was ihren Vorrang rechtfertigt.

E. Fazit

Auch für die Sicherung und Durchsetzung von Entgeltansprüchen gilt:

Die sozialen Rechte der Arbeitnehmer*innen und ihr Schutz in Krise und Insolvenz sind zu wichtig, um sie auf dem Altar eines fehlerhaft begriffsjuristischen und wirtschaftsliberalen Dogmatismus zu opfern.

Im Gegenteil: Sie sollten im Interesse einer wirtschaftlich und sozial sinnvollen Praxis weiter ausgebaut werden.

---

62 *Robert Moore (24.8.2022)*, http://companyrescue.co.uk – Suchbegriff: „who are preferential creditors?", zuletzt abgerufen 5.6.2023.

Literaturverzeichnis

Arbeitskreis für Insolvenz- und Schiedsgerichtswesen (Hrsg.): Kölner Schrift zur Insolvenzordnung, 2. Aufl., Herne/Berlin 2000.

Bauer, Joachim: Ungleichbehandlung der Gläubiger im geltenden Insolvenzrecht, Deutsche Zeitschrift für Wirtschafts- und Insolvenzrecht 2007, 188ff.

Beck, Siegfried/Depré, Peter (Hrsg.): Praxis der Insolvenz, 3. Aufl., München 2017.

Bitzer, Fabian: Systemfragen der Insolvenzanfechtung – ein deutsch-italienischer Rechtsvergleich vor dem Hintergrund des europäischen internationalen Insolvenzrechts, München 2020.

Blank, Dennis B.: Freistellung des Existenzminimums bei der Insolvenzanfechtung von Arbeitsentgelt-zahlungen?, Neue Zeitschrift für Arbeitsrecht 2016, 1123-1127.

Blank, Dennis B./Blank, Michael J.W.: Keine Freistellung des Existenzminimums bei der Insolvenz-anfechtung von Arbeitsentgeltzahlungen, Zeitschrift für das gesamte Insolvenz- und Sanierungsrecht (ZInsO) 2022, 2217 ff.

Bork, Reinhard: Anfechtung als Kernstück der Gläubigergleichbehandlung, Zeitschrift für Wirtschaftsrecht (ZIP) 2014, 797-810.

Braun, Eberhard (Hrsg.): Insolvenzordnung, 9. Aufl., München 2022.

Braun, Eberhard (Hrsg.): StaRUG, München 2021.

Cranshaw, Friedrich/Knöpnadel, Ulf/Portisch, Wolfgang: Aspekte der Haftung, der Versicherung und des Risikomanagements des Gläubigerausschusses – Teil 1, Zeitschrift für das gesamte Insolvenz- und Sanierungsrecht (ZInsO)_2015, 1.

Däubler, Wolfgang (Hrsg.): Arbeitskampfrecht, 4. Aufl., Baden-Baden 2018.

Däubler, Wolfgang/Wroblewski, Andrej (Hrsg.): Das Insolvenzhandbuch für die Praxis, 5. Aufl., Frankfurt am Main 2021.

Debord, Florence, in: A. Lyon-Caen (Hrsg.): Répertoire de droit du travail, salaire paiement, privilège général, Stand Juni 2020.

Deinert, Olaf/Maksimek, Elena/Sutterer-Kipping, Amélie: Die Rechtspolitik des Sozial- und Arbeitsrechts, Frankfurt am Main 2020.

Doebert, Arno: Die Insolvenzanfechtung von Lohnzahlungen, Gläubigergleichbehandlung und Arbeitnehmerschutz, Berlin 2016 (Diss. Hamburg 2015).

Fackler, Daniel: Unternehmensinsolvenzen: Welche Folgen haben sie für Arbeitnehmer?, Wirtschaftsdienst 2019, 440ff.

Fitting, hrsg. von Schmidt, Ingrid/Trebinger, Yvonne/Linsenmaier, Wolfgang/Schelz, Hanna/Schmidt, Kristina: Betriebsverfassungsgesetz, 31. Aufl., München 2022.

Gottwald, Peter/Haas, Ulrich (Hrsg,): Insolvenzrechts-Handbuch, 6. Aufl. München 2020.

Gruber, Peters: Drei Schritte zu einer deutsch-französischen Annäherung im Bereich Insolvenz und Restrukturierung, Europäische Zeitschrift für Wirtschaftsrecht 2019, 181-187.

Hadding, Walther/Herrmann, Ulrich/Krämer, Achim (Hrsg.): Festschrift für Wolfang Schlick zum 65. Geburtstag, Köln 2015.

Heidelberger Kommentar, Kayser, Godehard/Thole, Christoph (Hrsg.): Insolvenzordnung, 9. Aufl., Heidelberg 2018; 10. Aufl., Heidelberg 2020.

Huber, Michael: Insolvenzanfechtung rückständiger Lohnzahlungen an Arbeitnehmer, Neue Juristische Wochenschrift 2009, 1928-1932.

Hützen, Peter: Arbeitsrecht schlägt Insolvenzrecht - Urlaubsabgeltung als Masseverbindlichkeit, Zeitschrift für das gesamte Insolvenz- und Sanierungsrecht (ZInsO) 2022, 1947-1950.

IDW (Hrsg.): Sanierung und Insolvenz, 2. Aufl., Düsseldorf 2022.

Jessolat, Karsten: Betriebliche Altersversorgung bei Betriebsübergang in der Insolvenz, Arbeit und Recht 2022, 355ff.

Kayser, Godehard/Smid, Stefan/Riedemann, Susanne (Hrsg.): Festschrift für Klaus Pannen zum 65. Geburtstag, München 2017.

Kayser, Godehard/Thole, Christoph (Hrsg.): Insolvenzordnung, 10. Aufl., Heidelberg 2020.

Keller, Ulrich: Insolvenzrecht, 2. Aufl., München 2020.

Kindler, Peter/Nachmann, Josef/Bitzer, Fabian (Hrsg.): Handbuch Insolvenzrecht in Europa, 12. Ergänzungslieferung, München 2022.

Knickrehm, Sabine/Mushoff, Tobias/Schmidt, Steffen (Hrsg.): Das neue Soziale Entschädigungsrecht – SGB XIV, Baden-Baden 2021.

Konzen, Horst: Aufopferung im Zivilrecht, Berlin 1969.

Kübler, Bruno M./Prütting, Hanns/Bork, Reinhard (Hrsg.): Kommentar zur Insolvenzordnung, Köln 2019.

Küttner: Personalhandbuch, hrsg. von Röller, Jürgen, 29. Aufl., München 2022.

Lakies, Thomas: Die Durchsetzung von Masseverbindlichkeiten, Arbeitsrecht Aktuell 2013, 148-151.

Le Corre, Pierre-Michel/Le Corre-Broly, Emmanuelle: Droit des entreprises en difficulté, 10. Auflage, Dalloz/Paris, Oktober 2022.

Leuering, Dieter: Die Änderung der Firma zwecks übertragender Sanierung, Neue Juristische Wochenschrift 2016, 3265-3268.

Maultzsch, Felix: Zivilrechtliche Aufopferungsansprüche und faktische Duldungszwänge, Berlin 2006.

Marquardt, Nick: Insolvenzgeld bei gescheiterter Sanierung – zugleich ein Beitrag zur fortlaufenden Plausibilitätskontrolle von höchstrichterlicher Rechtsprechung, Betriebsberater 2022, 436ff.

Merle, Saskia: Insolvenzzwecke in Deutschland und Frankreich: Möglichkeiten und Grenzen der Förderung der Sanierung durch das Unternehmensinsolvenzrecht, Baden-Baden 2019, S. 485.

Monsèrié-Bon, Marie-Hélène/Saint-Alary-Houin, Corinne: Juris Classeur Fasc. 2502: Redressement et Liquidation Judiciaires – Nullité de droit et nullités facultatives.-Notion. Actions voisines (action paulienne, abus de droit).-Exercice de l'action et conséquences, Stand September 2020.

Münchener Handbuch zum Arbeitsrecht, hrsg. von Kiel, Heinrich/Lunk, Stefan/Oetker, Hartmut: Band 1 Individualarbeitsrecht, 5. Aufl., München 2021 (zitiert MünchArbR-Bearbeiter).

Münchener Kommentar zur Insolvenzordnung, hrsg. von Stürner, Rolf/Eidenmüller, Horst/Schoppmeyer, Heinrich: Band 1, 4. Aufl., München 2019 (zitiert: MünchKomm-InsO-Bearbeiter).

Münchener Kommentar zur Insolvenzordnung, hrsg. von Stürner, Rolf/Eidenmüller, Horst/Schoppmeyer, Heinrich: Band 4. 4. Aufl., München 2021 (zitiert: MünchKomm-InsO-Bearbeiter).

Oberhofer, Hermann: Der Gewerkschafter 1992, 29.

Onusseit, Dietmar: Masseverbindlichkeiten – Zivilrecht/Arbeitsrecht/Steuerrecht, Zeitschrift für das gesamte Insolvenz- und Sanierungsrecht (ZInsO) 2022, 1772-1782.

Pape, Gerhard: Rechtliche Stellung, Aufgaben und Befugnisse des Gläubigerausschusses im Insolvenzverfahren, Zeitschrift für das gesamte Insolvenz- und Sanierungsrecht (ZInsO) 1999, 675-683.

Paulus, Christoph G./Dammann, Reinhard: Präsidentielle Vorgaben und Symbiosen im Insolvenzrecht: Annäherungen zwischen Deutschland und Frankreich, Zeitschrift für Wirtschaftsrecht (ZIP) 2018, 249-253.

Richardi, Reinhard: Sozialplan und Konkurs, Düsseldorf 1975.

Richter, Johannes: Weiche Landung auf Kosten Dritter bei der Vorfinanzierung des Insolvenzgelds, Neue Juristische Wochenschrift 2018, 982-986.

Ries, Stephan: Masseschulden als Sanierungsblocker, INDat Report 02/2022, 13ff.

Robine, David/Jeantin, Michel/Le Cannu, Paul: Droit des entreprises en difficulté, 9. Aufl. Dalloz/Paris, Oktober 2022.

Sämisch, Henning: Über die Gefahr von Zombieunternehmen für eine innovative Marktwirtschaft, Zeitschrift für Restrukturierung und Insolvenz, 2022, 575ff.

Sämisch, Henning/Quitzau, Frederik: Erneuter Angriff auf den Grundsatz der Gläubigergleichbehandlung?!, ZInsO Zeitschrift für das gesamte Insolvenz- und Sanierungsrecht 2019, 2403-2407.

Schmidtchen, Dieter/Kirstein, Roland: Wettbewerb als Entdeckungsverfahren, in Jahrbuch für die Ordnung von Wirtschaft und Gesellschaft, Stuttgart 2003.

Schmidt, Andreas (Hrsg.): Hamburger Kommentar zum Insolvenzrecht, 9. Aufl., Köln 2021.

Schmidt, Karsten (Hrsg.): Insolvenzordnung, 20. Aufl. 2023.

Smid, Stefan/Rattunde, Rolf/Martini, Torsten: Der Insolvenzplan, 4. Aufl. 2015.

Spelge, Karin: Die Insolvenzanfechtung von Entgeltzahlungen in der Rechtsprechung des Bundesarbeitsgerichts – Kein Sonderanfechtungsrecht für Arbeitnehmer, Recht der Arbeit 2016, 1-17.

Uhlenbrock: Insolvenzordnung, hrsg. von Hirte, Heribert, 15. Aufl., München 2019.

Wroblewski, Andrej: Recht auf Arbeit und ihr Wert – eine Aporie des Bundesarbeitsgerichts, Arbeit und Recht 2022, 299-302.

Wroblewski, Andrej: Insolvenzanfechtungsreform und Arbeitsentgelt, Arbeit und Recht 2018, 168-172.

Wroblewski, Andrej: Arbeitnehmervertreter im (vorläufigen) Gläubigerausschuss, ZInsO Zeitschrift für das gesamte Insolvenz- und Sanierungsrecht (ZInsO) 2014, 115-119.

Wroblewski, Andrej: Bargeschäftseinwand gegen Lohnanfechtung, Neue Juristische Wochenschrift 2012, 894-898.

Wroblewski, Andrej: Rechtsweg für Anfechtungsklagen des Insolvenzverwalters auf Rückerstattung von Entgelt, Arbeit und Recht 2011, 34-35.

Wroblewski, Andrej: In Sachen Bundesgerichtshof gegen Bundesarbeitsgericht. Rechtsweg bei Insolvenzanfechtung von Entgeltzahlungen, Arbeit und Recht 2010, 306 ff.

Zwanziger, Bertram: Das Arbeitsrecht der Insolvenzordnung, 4. Aufl., Frankfurt a.M. 2010.

Stichwortverzeichnis

gR = *geltendes Recht*
RV = *Reformvorschläge*

Arbeitszeitkonten (gR und
  RV) 73 ff., 81 ff., 108 f.
Altersteilzeit (Blockmodell) (gR
  und RV) 73 ff., 80 ff., 108, 110
Aufopferungsanspruch der
  Beschäftigten 63 ff.

Betriebliche Altersvorsorge 68f.,
  104

Französisches Recht (gR) 79, 85 ff.
– Garantieeinrichtung AGS 92 ff.
– Insolvenzanfechtung 97 f.
– Insolvenzverfahren 89 ff.
– Präventives Sanierungsverfah-
   ren 89 f.
– Procedure de redressement und
   liquidation 91
– Rangfragen/Superprivileg 91

Garantieeinrichtungen in
  Deutschland (gR und
  RV) 67 ff., 81 ff., 120
Gläubigerausschuss (GA) (gR und
  RV) 29 ff., 37 ff.
– Arbeitnehmervertretung im
   Ausschuss 29 ff., 43 ff.
– Haftpflichtversicherung für
   GA-Mitglieder (gR) 35
– Vorläufiger Gläubiger-
   ausschuss 31 f., 51 ff.

Harmonisierungsrichtlinie 5, 13 ff.,
  99, 101, 112 f.
  (RL-Entwurf zur Teilharmonisierung des Insolvenzrechts)

Insolvenzanfechtung
– Deutschland (gR) 94 ff., 112 f.
– Frankreich (gR) 97 f.
– Deutschland (RV) 99, 115
– EU (RV) 115
Insolvenzgeld (gR und RV) 70 ff.,
  105 f.
– Bezugsdauer 70 ff., 105f.
– erweitertes ~ (RV) 78 ff.
– Höhe 70 ff., 105 f.
– Sonderzahlungen 70, 75
Insolvenzgeld II (RV) 108 ff.
Insolvenzplan 17, 48 f., 72 ff.,
  105 ff.
– Aufhebung des Verfahrens (gR
   und RV) 72 ff., 105 ff.
Insolvenzsicherung, privatrechtliche
  (gR) 82 f., 108 f.

Krisengeld (RV) 107

Lohnrückstände (gR und
  RV) 102 ff.
– Eigenkündigung 103
– „Gleichwohlgewährung" des Ar-
   beitslosengelds 104
– Zurückbehaltungsrecht 102 f.

Pensionssicherungsverein a. G. (gR
  und RV) 64 f., 68 f., 82 f., 110,
  120

Rangordnung der Forderungen
  (gR und RV) 85 ff., 115 ff.

Sanierungsbeiträge der
  Beschäftigten (gR und RV) 76,
  83, 109
Sonderopfer der Beschäftigten 62 ff.

Sonderzahlungen als (Neu-)
Masseverbindlichkeiten
(gR) 115 ff.
Sonderzahlungen und
Insolvenzgeld 70, 75
Sozialplanabfindungen, § 123 InsO
(gR und RV) 57 ff., 110 f.
Superprivileg für Arbeitnehmer-
forderungen 92 f.

Urlaubsentgelt als (Neu-)
Masseverbindlichkeit
(gR) 115 ff.

Verzugspauschale („40-€-Pauschale")
(gR und RV) 104
Vorrang für
Arbeitnehmerforderungen
(RV) 117 ff.

Wertguthaben (gR und RV) 73 ff.,
81 ff., 110

Ziele des Insolvenzverfahrens (gR
und RV) 17 ff.
– Arbeitsplatzerhalt (RV) 23 ff.
– Sanierung (RV) 23 ff.